T0209701

essentials

essentials liefern aktuelles Wissen in konzentrierter Form. Die Essenz dessen, worauf es als „State-of-the-Art" in der gegenwärtigen Fachdiskussion oder in der Praxis ankommt. *essentials* informieren schnell, unkompliziert und verständlich

- als Einführung in ein aktuelles Thema aus Ihrem Fachgebiet
- als Einstieg in ein für Sie noch unbekanntes Themenfelda
- als Einblick, um zum Thema mitreden zu können

Die Bücher in elektronischer und gedruckter Form bringen das Fachwissen von Springerautor*innen kompakt zur Darstellung. Sie sind besonders für die Nutzung als eBook auf Tablet-PCs, eBook-Readern und Smartphones geeignet. *essentials* sind Wissensbausteine aus den Wirtschafts-, Sozial- und Geisteswissenschaften, aus Technik und Naturwissenschaften sowie aus Medizin, Psychologie und Gesundheitsberufen. Von renommierten Autor*innen aller Springer-Verlagsmarken.

Weitere Bände in der Reihe http://www.springer.com/series/13088

Knut Lohrisch · Stefan Luppold

Event-Protokoll

Regeln, Abläufe und Prozesse bei
Veranstaltungen zur erfolgreichen
Stakeholder-Kommunikation

Knut Lohrisch
Pfinztal, Baden-Württemberg
Deutschland

Stefan Luppold
Duale Hochschule Baden-Württemberg
Ravensburg, Deutschland

ISSN 2197-6708   ISSN 2197-6716 (electronic)
essentials
ISBN 978-3-658-32877-1   ISBN 978-3-658-32878-8 (eBook)
https://doi.org/10.1007/978-3-658-32878-8

Die Deutsche Nationalbibliothek verzeichnet diese Publikation in der Deutschen Nationalbibliografie; detaillierte bibliografische Daten sind im Internet über http://dnb.d-nb.de abrufbar.

Planung/Lektorat: Rolf-Guenther Hobbeling
Springer Gabler ist ein Imprint der eingetragenen Gesellschaft Springer Fachmedien Wiesbaden GmbH und ist ein Teil von Springer Nature.
Die Anschrift der Gesellschaft ist: Abraham-Lincoln-Str. 46, 65189 Wiesbaden, Germany

Was Sie in diesem *essential* finden können

- Einführung in das Thema Event-Protokoll
- Erläuterung von Staats- und Unternehmensprotokoll
- Begriffsklärung für ein ganzheitliches Verständnis
- Relevante Regeln und Abläufe
- Tipps für einen adäquaten Umgang mit dem Protokoll
- Relevante Literatur

Inhaltsverzeichnis

Protokoll ist eine in der Welt der Veranstaltungen gesprochene Sprache, die von jedem, der sie kennt, verstanden wird!

Egal, ob ein Präsident/eine Präsidentin, ein Bundeskanzler/eine Bundeskanzlerin oder ein hochrangiges Regierungsmitglied in Japan, China, Australien, Südafrika, Brasilien, den USA oder in einem anderen Land als besonderer Gast empfangen wird, die protokollarischen Abläufe sind immer die gleichen. Diese Besuche unterscheiden sich dann im Detail, von Staatsbesuchen eines ausländischen Staatsoberhauptes über einen offiziellen Besuch bis hin zu einem Antrittsbesuch oder auch Arbeitsbesuch. Ebenso gibt es auch private Besuche von hochrangigen Staatsgästen, die vom Staatsprotokoll nicht mehr begleitet werden, sondern nur durch das Bundeskriminalamt (BKA) abgesichert werden.

Da jeder Mensch Sicherheit braucht und sich bei unbekannten Abläufen in der Regel unsicher und unwohl fühlt, schafft das Protokoll den Rahmen, in dem Besuche und Begegnungen stattfinden können. Weiterhin sorgt das Protokoll für den inhaltlichen (Programmgestaltung) und zeitlichen Ablauf repräsentativer Veranstaltungen. Ebenso ist das Protokoll verantwortlich für die technischen und organisatorischen Voraussetzungen.

Somit schafft das Protokoll die notwendige Atmosphäre, in der sich die Verhandlungspartner bei Begegnungen, Gesprächen, Tagungen und Konferenzen wohlfühlen und die dem Gastgeber Ehre macht!

Protokoll kann man unter folgendem Motto verstehen:
Wir sind hochprofessionelle und kreative Strippenzieher, Türöffner, Wunscherfüller und Dienstleister, die den Gästen individuell und auf den jeweiligen Gast speziell abgestimmte optimale Rahmenbedingungen zum Netzwerken und für Erlebnisse der besonderen Art bieten – weltoffen mit regionaler Herzlichkeit,

immer serviceorientiert, stets vorausschauend, oft im Hintergrund, aber durchweg wahrnehmbar.

„Protokoll ist, wenn alles klappt und keiner weiß warum!"

(Wolfgang von Schumann, Messe Düsseldorf)

Aus der Praxis für die Praxis des Unternehmensprotokolls wurde dieses *essential* geschrieben. Viel Spaß beim Lesen und Ausprobieren!

Die Autoren danken Rizelle Simon, die uns mit ihrer an der Hochschule Heilbronn verfassten wissenschaftlichen Arbeit viele Impulse für dieses Buch geliefert hat.

Ziele, Funktionen und Werte des Protokolls

2

Ein ganzheitliches Verständnis ergibt sich aus einem Blick in die Geschichte des Protokolls – auch, um später Schlussfolgerungen für Corporate Events ziehen zu können. Ebenso sind Definitionen aus der Literatur hilfreich sowie eine Erklärung der typischen Fach-Terminologie.

2.1 Historische Hintergründe

Der Begriff „Protokoll" stammt aus dem mittellateinischen „protocollum", welches sich aus den altgriechischen Wörtern „protos" (=erster) und „kolla" (=Leim) zusammensetzt (Brissa 2018, S. 159 f.). Im Byzantinischen Reich (395 n. Chr. −1495) (Freie Universität Berlin o. J.) bezeichnete es den ersten Teil eines schriftlichen feierlichen Dokuments, in dem die Teilnehmer einer Veranstaltung aufgelistet wurden (Wood und Serres 1970, S. 18). Seit dem Wiener Kongress in den Jahren 1814 und 1815 wird dem Begriff die Bedeutung einer Niederschrift von Verhandlungen, Konferenzen oder Vereinbarungen zugeordnet (Hartmann 2007, S. 76). Die Bedeutung, die als Grundlage dieses *essentials* relevant ist, hat ihren Ursprung in der französischen Verwaltung der Restaurationszeit und beschreibt das Protokoll im Zusammenhang mit Normen und Regeln sowie dem Zeremoniell (Hartmann 2007, S. 76; Wohlan 2014, S. 8 f.). So wird das Protokoll als die Gesamtheit der anerkannten Regeln und Formen im offiziellen innerstaatlichen und zwischenstaatlichen Verkehr (diplomatischen Verkehr) beschrieben, welches eine internationale Verbindlichkeit aufweist (Urschitz 2002, S. 15; Hartmann 2007, S. 77).

© Springer Fachmedien Wiesbaden GmbH, ein Teil von Springer Nature 2021
K. Lohrisch und S. Luppold, *Event-Protokoll*, essentials,
https://doi.org/10.1007/978-3-658-32878-8_2

2.2   Definitionen aus der Fachliteratur

Im Folgenden sollen unterschiedliche Ansätze für die Definition von *Proto-koll* aus der Fachliteratur näher betrachtet werden, um die Bedeutung des Begriffs aus unterschiedlichen Perspektiven zu beleuchten und anschließend eine zusammenfassende Definition zu finden.

Wood und Serres erklären den Begriff als die grundsätzlichen Regeln des Zere-moniells eines Landes, die von den offiziellen Behörden eingehalten werden. Das Protokoll wird angewandt, um sowohl die Elemente von besonderen Zeremonien als auch die des täglichen Lebens von diplomatischen Missionen zu gestalten (Wood und Serres 1970, S. 19).

Dreimann versteht unter Protokoll eine Einheit von Regeln und Normen, die den diplomatischen Verkehr, d. h. die Beziehung zwischen Staaten, beeinflusst. Des Weiteren bezeichnet er es als ein „politisches Instrument der Diplomatie" (Dreimann 1985, S. 13), welches einen angemessenen Rahmen für diplomatische Aktivitäten schafft (Dreimann 1985, S. 13).

Urschitz, ebenso wie Hartmann, definiert das Protokoll im Zusammenhang mit dem Zeremoniell als „Regeln für die Umgangsformen im offiziellen Verkehr zwi-schen Staaten (=diplomatisches Zeremoniell)" (Urschitz 2002, S. 15; Hartmann 2007, S. 77) sowie als „Regeln für die Umgangsformen im offiziellen Bereich innerhalb des Staates (=innerstaatliches Zeremoniell)" (Urschitz 2002, S. 15). Er erklärt in diesem Zusammenhang, dass das Protokoll der Selbstdarstellung eines Staates dient. Seiner Meinung nach muss der Staat als „soziale Organisa-tion" (Urschitz 2002, S. 15) sein Dasein, seine Ziele und die Verwirklichung der Ziele laufend nach außen darstellen, um sich somit sinnvoll und erfolgreich ver-wirklichen und Vertrauen schaffen zu können. Eine Missachtung der Regeln des Protokolls, wenn beispielsweise der Rang eines Gastes nicht richtig anerkannt wird, im innerstaatlichen und zwischenstaatlichen Umgang, wird als unhöflich erachtet (Urschitz 2002, S. 15 f.).

Der ehemalige Protokollchef des Bundespräsidialamtes Brissa bezeichnet das Protokoll als Synonym für das diplomatische, innerstaatliche oder gesellschaftli-che Zeremoniell. Das Protokoll ist ein Instrument der Kommunikation und besteht aus zwei Bestandteilen. Es schafft auf der einen Seite einen Ordnungsrahmen für Ereignisse, dient der Sicherheit des zuvor geplanten Ablaufs und vermeidet somit Fauxpas. Sein Vorgänger Martin Löer prägte den Satz „Protokoll ist, wenn's klappt". Ohne Protokoll könnte ein Ereignis also nicht erfolgreich stattfinden. Auf der anderen Seite dient das Protokoll der Sichtbarmachung von Inhalten und Bot-schaften und kann als eine Symbolsprache verstanden werden, die für jeden Staat, für viele Bereiche der Gesellschaft und für die Diplomatie von Bedeutung ist (Brissa 2018, S. 160).

Eine allgemeinere Definition von Protokoll liefert Mohrmann und beschreibt es als den definierten Ablauf eines Prozesses, welcher nach bestimmten Regeln festgelegt ist (Mohrmann 2013, S. 177).

Bei Betrachtung der unterschiedlichen Definitionsansätze der genannten Autoren, ist zu erkennen, dass immer wiederkehrende Elemente im Zusammenhang mit Protokoll genannt werden, wie z. B. Regeln oder Zeremoniell. Es lässt sich somit festhalten, dass Protokoll als etwas Übergeordnetes gesehen wird, welches den Umgang und die Beziehung zwischen Staaten sowie innerhalb eines Staates auf Augenhöhe gewährleistet. Es schafft ebenfalls einen Rahmen für Ereignisse und Aktivitäten und sorgt dadurch für eine gewisse Sicherheit.

Brissa und Urschitz fügen hinzu, dass das Protokoll auch für die Außendarstellung sowie für die Sichtbarmachung von Inhalten und Botschaften zuständig sein kann.

Während die Mehrheit der Autoren das Protokoll ausschließlich auf den diplomatischen und innerstaatlichen Bereich bezieht, erachtet Brissa das Protokoll auch im gesellschaftlichen Umgang als wichtig. Die Definition von Mohrmann hingegen lässt sich auf alle Bereiche beziehen ob staatlich, privat oder geschäftlich.

2.3 Protokollarische Begrifflichkeiten

Um ein besseres Verständnis für die Thematik des Protokolls zu erlangen, werden im Folgenden wichtige Begrifflichkeiten bzw. Bestandteile des Protokolls erläutert.

Diplomatie
Der Begriff Diplomatie beinhaltet sämtliche Handlungen unterschiedlicher Akteure, um Angelegenheiten der internationalen Beziehungen zu regeln und gleichzeitig die eigenen Interessen zu wahren. Im Rahmen der Diplomatie werden verschiedene Methoden und Arten der Kommunikation und der Verhandlung verwendet (Varwick 2015, S. 49 f.). Mit der Diplomatie wird häufig die Kunst des Verhandelns und des Abschlusses von Verträgen zwischen Staaten beschrieben. Ebenso bezeichnet der Begriff die Tätigkeit der Regierung, der Staatsoberhäupter, der Ministerien für Auswärtige Angelegenheiten, der Missionen, der Delegationen und der diplomatischen Vertretungen mithilfe von friedlichen Mitteln die Aufgaben und Ziele eines Staates zu realisieren. Als ein natürlicher Bestandteil der Außenpolitik, welche alle

Aktivitäten eines Staates in den internationalen Beziehungen und Angelegenheiten umfasst, wird die Diplomatie durch die Aufgaben sowie die Ziele dieser Außenpolitik bestimmt und dient der Erreichung dieser Ziele. Des Weiteren bestimmt die Diplomatie aktiv die Beziehungen zu anderen Staaten, unterstützt die Vertiefung sowie die Erweiterung dieser Beziehungen und beeinflusst dadurch ebenfalls ihre Perspektive (Dreimann 1985, S. 11 f.).

Etikette
Der Begriff Etikette tritt oftmals in Zusammenhang mit Protokoll auf oder wird auch als Synonym dafür verwendet (Wohlan 2014, S. 11).

Etikette wird grundsätzlich mit guten Manieren in Verbindung gebracht und beschreibt die Gesamtheit der Verhaltensregeln der Gesellschaft, die eine Art Kodex für das Verhalten des Individuums darstellt und durch die Beachtung der Mehrheit verbindlich wird (Brissa 2018, S. 87 f.). Diese Regeln für die Umgangsformen kommen nicht nur zwischen Privatpersonen, sondern auch zwischen Amtsträgern zur Anwendung, (Hartmann 2007, S. 74) und erleichtern bei Einhaltung den Umgang untereinander (Urschitz 2002, S. 15), beispielsweise durch eine angemessene Begrüßung und das Benehmen bei Tisch (Wohlan 2014, S. 11).

Sie darf jedoch nicht mit Protokoll verwechselt oder gleichgesetzt werden, da sich das Protokoll an einen begrenzten Personenkreis richtet, der sich mit Aufgaben im zwischenstaatlichen Verkehr befasst, während sich Etikette an jeden Bürger richtet. Verletzungen des Protokolls werden auf den Staat bezogen, in dessen Namen Personen offiziell auftreten. Verstöße der Etikette hingegen werden mit der jeweiligen Person in Verbindung gebracht, unabhängig von ihrer offiziellen Position. Das Protokoll regelt Verhaltensweisen durch Normen, die sich von den Regeln der Etikette wesentlich unterscheiden (Dreimann 1985, S. 13 f.). Allerdings finden sich auch zwischen den Bereichen Protokoll und Etikette Gemeinsamkeiten und Überschneidungen, da beide Bereiche menschliche Handlungen mit Bräuchen und Förmlichkeiten verbinden (Wohlan 2014, S. 12). Darüber hinaus besitzen beide die Funktion der Verhaltenssicherheit und der Vermeidung von Konflikten (Hartmann 2007, S. 74).

Zeremoniell
Zeremonien gelten als Einzelhandlung eines Zeremoniells (Dücker 2007, S. 23) und sind – wie Rituale – öffentliche zweckbestimmte Handlungen mit Akteuren und Zuschauern, um einen Wert bzw. moralische Handlung erkennbar zu machen und um einen bestimmten Alltagszustand zu erreichen. Eine Zeremonie ist nur für eine ausgewählte Gruppe bestimmt und dient somit einer Abgrenzung von anderen und gleichzeitig einer Integration untereinander (Dücker 2007, S. 25).

Ein wesentliches Merkmal des Zeremoniells ist, dass die Handlungen und die Rituale nach bestimmten Normen festgelegt sind (Brissa 2018, S. 239 f.).

Das Zeremoniell hat einen höfischen Ursprung und wurde durch Hofordnungen und andere Quellen rechtlich festgelegt (Brissa 2018, S. 239 f.). Es wurde zur Durchsetzung von Verhaltensregeln für unterschiedliche soziale Schichten und Situationen angewendet. In diesem Fall wurde der Begriff hauptsächlich in Zusammenhang mit der institutionellen Legitimation der Disziplinierung und Harmonisierung von Handlungsabläufen verwendet (Dücker 2007, S. 24). Prinzipiell sind Ordnung und Disziplin für die Entstehung einer Gemeinschaft erforderlich, da das soziale Leben zu bestimmten Regeln verpflichtet ist, ohne die ein gemeinschaftliches Leben nicht möglich wäre. Dementsprechend wurden Hierarchien entwickelt, um die Ordnung und die Struktur der Gesellschaft zu stabilisieren. Das bedeutet, dass es keine Gesellschaft ohne Hierarchie und keine Zivilisation ohne Zeremoniell geben würde (Wood und Serres 1970, S. 17 f.).

Das Zeremoniell dient heute hauptsächlich der Gestaltung und der Sicherheit des Ablaufs von Ritualen und feierlichen Handlungen (Brissa 2018, S. 239 f.). Es beschreibt somit die Regeln für Umgangsformen von Menschen für feierliche Anlässe, wie z. B. Festessen (Urschitz 2002, S. 15). Es regelt, basierend auf Traditionen und nationalen Merkmalen, internationale Ereignisse und schafft in jedem Staat die richtigen Rahmenbedingungen, um eine friedliche Umgebung und Atmosphäre sicherzustellen (Wood und Serres 1970, S. 17 f.). Somit ist das Zeremoniell ebenfalls ein wichtiges Instrument von Staat und Diplomatie (Brissa 2018, S. 239 f.).

Die Begriffe Protokoll und Zeremoniell werden oft synonym verwendet, wobei im staatlichen Bereich das Zeremoniell nur einen Teil des Protokolls darstellt (Dücker 2007, S. 23). Dementsprechend umfasst das Staatszeremoniell sämtliche Regeln zur Festlegung der äußeren Form einer symbolisierten Handlung einer Staatsidee. Dabei kommen dem Begriff zwei Bedeutungen hinzu. Es beschreibt zum einen ein statisches Regelwerk, zum anderen aber auch die Anwendung von Verhaltensregeln auf einen geschlossenen Ablauf (Hartmann 2007, S. 73).

Unterschied Staats- und Unternehmensprotokoll

Das **staatliche Protokoll** beinhaltet die Gesamtheit ordnender zeremonieller Regeln und Aktivitäten bei repräsentativen und offiziellen Anlässen. Es schafft einen angemessenen Rahmen beispielsweise für Staatsbesuche, nationale und internationale Konferenzen, Gedenkveranstaltungen sowie Festakte, Trauerstaatsakte und Empfänge. Protokollarisches Handeln kann als eine Art „Zeichensprache" (Bundesministerium des Innern 2021e) gesehen werden, die die politischen Interessen fördert und eine passende Atmosphäre für Gespräche und Verhandlungen schafft. Somit sorgt es für einen reibungslosen und erfolgreichen Ablauf (Bundesministerium des Innern 2021e; Auswärtiges Amt 2021; Brenner 2018). So werden mit ihr z. B. bei Staatsbesuchen die Würde und der Rang des Gastes, die Wertschätzung sowie die politischen Intentionen des Gastgebers verdeutlicht (Bundesministerium des Innern 2021e; Brenner 2018).

Das Protokoll lässt sich auch als die „Watte der Politik" (Brandt 2005, S. 36; Brenner 2018) beschreiben. Durch die Schaffung einer angemessenen Atmosphäre werden inhaltliche Spitzen abgefedert und durch klare Regeln kann für eine gewisse Sicherheit und Einheitlichkeit der Abläufe gesorgt werden (Brandt 2005, S. 36; Brenner 2018). Hierbei sollte nicht nur auf die Einhaltung des Zeremoniells geachtet werden, sondern auch auf eine gründliche organisatorische Vorbereitung sowie eine flexible und deutliche Steuerung (Brandt 2005, S. 36).

Das Protokoll Inland der Bundesregierung im Bundesministerium des Innern, für Bau und Heimat ist für die staatliche und nationale Repräsentation sowie für die Aufgaben des innerstaatlichen Protokolls zuständig.

Protokollarische Aufgaben kommen sowohl in den internationalen Beziehungen als auch im innerstaatlichen Bereich vor.

Das Auswärtige Amt ist auch für das Protokoll bei internationalen Anlässen verantwortlich (Auswärtiges Amt 2021), das Protokoll der Landesregierung Baden-Württemberg übernimmt vergleichbare Aufgaben wie das Auswärtige Amt,

© Springer Fachmedien Wiesbaden GmbH, ein Teil von Springer Nature 2021   9
K. Lohrisch und S. Luppold, *Event-Protokoll*, essentials,
https://doi.org/10.1007/978-3-658-32878-8_3

jedoch auf Landesebene, und ist im Staatsministerium angesiedelt (Staatsministerium Baden-Württemberg 2021).

Staatsbesuche und protokollarische Veranstaltungen
Deutschland zählt zu einem der Staaten, die weltweit am meisten besucht werden (Brandt 2005, S. 36 f.). In der Bundesrepublik Deutschland lassen sich vier verschiedene Arten von eingehenden Besuchen charakterisieren: Staatsbesuche eines ausländischen Oberhauptes, offizielle Besuche, Arbeitsbesuche und Terminbesuche (Wohlan 2014, S. 211; Brandt 2005, S. 37). Die Besuchstypen unterscheiden sich u. a. durch den einladenden Gastgeber, Besuchsdauer oder die politische Zielsetzung (Wohlan 2014, S. 211).

Der Bundespräsident empfängt bei einem Staatsbesuch regelmäßig Staatsoberhäupter des gleichen Ranges (Wohlan 2014, S. 212). Sie stellen die höchste Form des Austauschs zwischen zwei Ländern dar und sollen nicht nur den politischen, wirtschaftlichen und kulturellen Austausch fördern, sondern auch die Beziehungen zwischen den Ländern stärken (Staatsministerium Baden-Württemberg 2021).

Der Staatsbesuch findet auf Bundesebene in der Regel vier Mal im Jahr statt. Dabei werden dem Staatsoberhaupt alle protokollarischen Ehren gewährt, z. B. durch die Begrüßung mit militärischen Ehren, die Kranzniederlegung an der Neuen Wache und ein Staatsbankett. Das Protokoll des Auswärtigen Amtes betreut neben den Staatsbesuchen auch offizielle Besuche sowie Arbeits- und Terminbesuche von Staatsoberhäuptern, Außenministern, Regierungschefs und wichtigen Vertretern von internationalen Organisationen, wie z. B. den Präsidenten der EU-Kommission. Des Weiteren ist das Protokoll für die Organisation und Betreuung von Auslandsreisen des Bundespräsidenten, der Bundeskanzlerin und des Bundesaußenministers zuständig (Auswärtiges Amt 2021).

In Baden-Württemberg finden Staatsbesuche nur ein bis zwei Mal jährlich statt. Auch hier werden die Elemente des staatlichen Protokolls berücksichtigt. Häufigere offizielle Besuchsformate sind z. B. offizielle Arbeitsbesuche durch den Regierungschef oder durch Fachminister des Landes sowie internationale Konferenzen oder die Kontakte zu den Repräsentanten der Schweizer Kantone und europäischer Nachbarregionen (Staatsministerium Baden-Württemberg 2021). Lediglich die Auslandsreisen des Ministerpräsidenten werden nicht vom Protokoll, sondern von der Abteilung für internationale Angelegenheiten des Staatsministeriums begleitet. Dies wird je nach Land anders geregelt (Brenner 2018). Eine weitere Aufgabe des Protokolls des Landes Baden-Württemberg ist die Ausrichtung von Empfängen, Essen und Veranstaltungen (Staatsministerium Baden-Württemberg 2021).

In der Literatur ist keine eigenständige Definition des **Unternehmensprotokolls** vorhanden. Lediglich der amerikanische Autor Nelson versucht in seinem Buch „Protocol for Profit" die Bedeutung des Protokolls im Unternehmen und im Geschäftsleben generell darzustellen. Seiner Meinung nach spielt das Protokoll in Unternehmen eine wichtige Rolle, doch eine eindeutige Definition des Begriffes „Unternehmensprotokoll" führt auch er nicht an; er bezieht ausschließlich die Aspekte des allgemeinen Protokolls auf die Geschäftswelt (Nelson 1998, S. 13 ff.). Aus diesem Grund wird nachstehend versucht, das Unternehmensprotokoll mithilfe von möglichen Bereichen, die im Zusammenhang mit dem Protokoll stehen können, zu definieren.

Wie eingangs erläutert stellt das Protokoll etwas Übergeordnetes dar, das nicht nur für einen angemessenen Umgang untereinander sorgt, sondern auch einen ordentlichen – und ordnenden – Rahmen für Ereignissen und Aktivitäten schafft. In Unternehmen kann der Umgang mit Kunden, Geschäftspartnern und der Öffentlichkeit, also mit den Stakeholdern des Unternehmens, mithilfe des Protokolls beeinflusst werden. Mit Ereignissen und Aktivitäten können hierbei Geschäftsverhandlungen oder bestimmte Veranstaltungen, wie z. B. Messen oder Events, gemeint sein, bei denen das Unternehmen mit seinen Stakeholdern in Kontakt treten und somit die Beziehung zu ihnen steuern kann. Das Protokoll kann im Rahmen einer geeigneten Unternehmenskommunikation auch für die Außendarstellung, sowie für die Sichtbarmachung von Inhalten und Botschaften zuständig sein.

Auf dieselbe Weise, wie das Staatsprotokoll eine Institution benötigt, das zum Gesamtauftritt des Staates nach außen beiträgt, benötigt auch ein Unternehmen eine adäquate Organisation in Form einer Abteilung o.ä., um sich bestmöglich zu entfalten und nach außen zu präsentieren. Dabei kann das Staatsprotokoll als eine Art Grundlage für das Unternehmensprotokoll gesehen werden, da im Unternehmen vergleichbare Aufgaben anfallen, u. a. die Organisation von Veranstaltungen, die Platzierung der Gäste (Placement) bei Empfängen etc.

Es ist zutreffend, dass sich das Unternehmensprotokoll vom Staatsprotokoll ableiten lässt, da es im Staat gewisse Richtlinien, Vorgaben und Handlungsanweisungen gibt, die den Umgang zwischen Staat und Mensch regeln, die auch im Unternehmen zur Anwendung kommen und eingehalten werden müssen (Wülfing 2018).

Der Unterschied zwischen dem Staatsprotokoll und dem Unternehmensprotokoll liegt darin, dass das Protokoll im Staat aufgrund der Historie eine beständige und verpflichtende Institution darstellt, viele Unternehmen jedoch gar keine Protokollabteilung besitzen (Schroeder 2018). Es kann ebenfalls davon ausgegangen werden, dass auch das Protokoll im Unternehmen – wie im staatlichen Bereich– durch bestimmte Regeln und Vorgehensweisen einen Rahmen und eine bestimmte

Atmosphäre für Veranstaltungen und Begegnungen schafft. Jedoch ist der Rahmen im staatlichen Bereich durch die Gepflogenheiten und protokollarischen Regeln (Brenner 2018) etwas starrer (Schumann 2018). Somit verläuft beispielsweise der Empfang und die Repräsentation eines Ehrengastes genau nach den Regeln des notwendigen Protokolls. An diese müssen sich auch alle weiteren Gäste anpassen, was kaum Raum für individuelle Wünsche lässt. Im Unternehmensprotokoll hingegen kann innerhalb dieses Rahmens flexibler auf die individuellen Wünsche des Gastes eingegangen und dem Gast besser entgegengekommen werden (Schumann 2018). Eine weitere Schlussfolgerung ist, dass das Protokoll im Unternehmen generell etwas legerer ist, beispielsweise im Hinblick auf die Kleiderordnung, und bei Änderungen der Gepflogenheiten können dementsprechend auch die Abläufe und das Layout angepasst werden. Diese Flexibilität ist im Staatsprotokoll nicht gegeben (Brenner 2018). Darüber hinaus unterscheiden sich auch die Ziele und die finanziellen Möglichkeiten. Ein Unternehmen kann seine Ziele mit protokollarischen Tätigkeiten fördern, indem es z. B. seine finanziellen Mittel zur Gestaltung einer besonderen Veranstaltung ausschöpft. Das Staatsprotokoll besitzt hingegen einen eher starren finanziellen Rahmen, bei dem genau auf Kosten und Ausgaben geachtet werden muss, da Steuergelder verausgabt werden. Auch aus diesem Grund ist das Staatsprotokoll in der Gestaltung einer Veranstaltung eingeschränkt (Brenner 2018).

Protokollarische Elemente wie Rang und Titulierungen, Symbole, Placement oder (Business-)Etikette, die im Staatsprotokoll zur Anwendung kommen, finden sich auch im geschäftlichen Umgang wieder. Hierbei müssen ebenfalls bestimmte Regeln und Vorgaben eingehalten werden, um einen angemessenen Umgang miteinander zu gewährleisten und im Geschäftsleben erfolgreich zu sein.

Symbole und Rituale als Instrument des Protokolls

4

Events arbeiten mit Symbolen und Ritualen – nicht nur, um damit eine Emotionalisierung zu bewirken. Sie sind Gestaltungselement, geben Orientierung und tragen zu einer erhöhten Verbindlichkeit bei. Dies gilt auch im Zusammenhang mit jenen Symbolen und Ritualen, die sich auf protokollarische Bereiche beziehen.

Ritual

Das Wort Ritual hat einen religiösen Ursprung und beschreibt die Vorschriften von religiösen Bräuchen (Stollberg-Rillinger 2013, S. 15; Dücker 2007, S. 14). Seit der Jahrhundertwende wird der Begriff auf symbolische Handlungen (bzw. entsprechendes Verhalten) bezogen (Belliger und Krieger 2006, S. 7), die sich in ihrer äußeren Form wiederholen und sozial standardisiert sind (Kertzer 2006, S. 371; Stollberg-Rillinger 2013, S. 9 ff.) und dadurch für eine gewisse Erwartungssicherheit und eine feste Struktur sorgen (Stollberg-Rillinger 2013, S. 9). Zudem sind Rituale räumlich, zeitlich und sozial gekennzeichnet, das heißt, dass sie aus dem Alltag hervorgehoben, symbolisch umrahmt sowie zu ausgewählten Anlässen vor der Öffentlichkeit oder vor Zeugen aufgeführt werden. Ebenso folgen sie einer bewussten Absicht und laufen nach einer bestimmten Regie ab (Stollberg-Rillinger 2013, S. 10 f.).

Der Unterschied zwischen Ritual und Zeremoniell liegt darin, dass das Ritual einen „Wandlungscharakter" (Hartmann 2007, S. 75) besitzt und sich auf eine Änderung des Status eines oder mehrerer Teilnehmer richtet. So handelt es sich bei einer Krönung um ein Ritual und bei den Regeln, die während der Krönung eingehalten werden müssen, um das Zeremoniell (Hartmann 2007, S. 75).

Rituale bestimmen praktisch jeden Aspekt des privaten Lebens des Menschen und bilden gleichzeitig einen festen Bestandteil politischer Kulturen. Jede Organisation benötigt für ihre Sichtbarmachung symbolisch-rituelle Repräsentation (Brissa 2018, S. 171 f.). Mithilfe von Ritualen kann der Staat seine Gewohnheiten etablieren

© Springer Fachmedien Wiesbaden GmbH, ein Teil von Springer Nature 2021
K. Lohrisch und S. Luppold, *Event-Protokoll*, essentials,
https://doi.org/10.1007/978-3-658-32878-8_4

und die Darstellung seiner Macht und „den ihr zugrundeliegenden Wertefundus"
betonen (Speth 1997, S. 96). Ohne Rituale gäbe es keine gesellschaftliche Ordnung, keine dauerhafte Struktur und keine Institutionen. Zusätzlich wird die soziale
Wirklichkeit durch Rituale reproduziert und transformiert (Stollberg-Rillinger 2013,
S. 13 f.).

Symbole

Staatssymbole sind heutzutage ein wahrnehmbares Zeichen, welches die Exis-
tenz des Staates, der Staatsgewalt und seiner verfassungsmäßigen Ordnung zum
Ausdruck bringt. Zusätzlich signalisieren sie die Anwesenheit eines staatlichen
Repräsentanten (Brissa 2018, S. 198 f.).

Nationale Symbole spielen nicht nur bei wichtigen feierlichen Anlässen eine
bedeutende Rolle, sondern sie sind auch im Alltag allgegenwärtig, z. B. die
Beflaggung von öffentlichen Gebäuden oder das Erklingen der Nationalhymne bei
internationalen Sportereignissen (Bundesministerium des Innern 2021c). Ebenso
zählen offizielle Feier- und Gedenktage zu den Symbolen, durch die sich ein Staat
in der Öffentlichkeit präsentiert (Bundesministerium des Innern 2021d).

Beflaggung

Das Protokoll ist für die Beflaggung der Dienstgebäude zuständig (Staatsministerium Baden-Württemberg 2021). Als wichtigste Rechtsgrundlage für eine
angemessene Beflaggung gilt der Erlass der Bundesregierung über die Beflaggung
der Dienstgebäude des Bundes. Diese Vorschriften gelten für die Dienstgebäude
aller Behörden und Dienststellen des Bundes sowie der Anstalten, Körperschaften
und Stiftungen des öffentlichen Rechts, die unter der Aufsicht von Bundesbehörden
stehen (Bundesministerium des Innern 2021a; Die Bundesregierung 2005).

Durch den föderalen Staatsaufbau der Bundesrepublik Deutschland besitzen die
Länder eigene Zuständigkeiten im Bereich der Hoheitszeichen und somit auch
der Beflaggung, sodass die grundsätzlichen und besonderen Beflaggungsordnun-
gen des Bundes keine bindende Wirkung für die Länder und Gemeinden haben.
Allerdings orientieren sich diese grundsätzlich am Bund (Bundesministerium des
Innern 2021b).

Nationalhymne

Die Nationalhymne ist eines der bekanntesten Staatssymbole. Sie wird bei besonders feierlichen Anlässen, aber auch etwa bei großen sportlichen Veranstaltungen
gesungen.

Das Bundesverfassungsgericht hat in seinem Beschluss vom 7. März 1990
(Aktenzeichen: BvR 1215/87) festgestellt, dass lediglich die dritte Strophe des

Deutschlandliedes als staatliches Symbol geschützt ist, da bei staatlichen Anlässen nur die dritte Strophe des Deutschlandliedes gesungen wird.

Der Text der Nationalhymne lautet
Einigkeit und Recht und Freiheit
für das deutsche Vaterland!
Danach lasst uns alle streben,
brüderlich mit Herz und Hand!
Einigkeit und Recht und Freiheit
sind des Glückes Unterpfand:
Blüh im Glanze dieses Glückes,
blühe, deutsches Vaterland!
Quelle: BMI – Protokoll Inland

Orden und Ehrenzeichen
Für besondere Verdienste um die Bundesrepublik Deutschland können Orden und Ehrenzeichen verliehen werden (siehe Abb. 4.1).

Dies darf nur durch den Bundespräsidenten oder mit seiner Genehmigung geschehen.

8 verschiedene Stufen von Orden und Ehrenzeichen
1. Verdienstmedaille
2. Verdienstkreuz am Bande
3. Verdienstkreuz 1. Klasse
4. Großes Verdienstkreuz
5. Großes Verdienstkreuz mit Stern
6. Großes Verdienstkreuz mit Stern und Schulterband
7. Großkreuz
8. Sonderstufe des Großkreuzes

Abb. 4.1 Bundesverdienstorden. (Quelle: www.ordensmuseum.de)

Nationale Feiertage und Gedenkanlässe
Der einzige bundesrechtlich festgelegte Feiertag ist der Tag der Deutschen Einheit
am 03. Oktober eines jeden Jahres. Bis zur deutschen Wiedervereinigung 1990
war der 17. Juni von 1954 als „Tag der deutschen Einheit" der Nationalfeier-
tag der Bundesrepublik Deutschland; heute ist er weiterhin ein Gedenktag an den
Arbeiteraufstand in der DDR.

In unserem föderalistischen System werden die Feiertage durch die Bundesländer
festgelegt. Somit haben einige Bundesländer mehr Feiertage als andere.

Es gibt neun bundeseinheitliche Feiertage, die gesetzlich geschützt sind
- Januar (Neujahr)
- Karfreitag
- Ostermontag
- Christi Himmelfahrt
- Pfingstmontag

- Mai
- Tag der Deutschen Einheit
- erster Weihnachtstag
- zweiter Weihnachtstag
  Quelle: BMI – Protokoll Inland

Hauptstadt-Funktion

Hauptstadt ist der Ort eines Staates, in dem die höchstrangigen Einrichtungen des jeweiligen politisch-administrativen Systems konzentriert angesiedelt sind. Zugleich ist die Hauptstadt Standort unterschiedlicher Vertretungen anderer Länder und Einrichtungen der Interessenverbände, die durch Lobbytätigkeit Einfluss auf politische Entscheidungsprozesse erzielen wollen (siehe u. a. https://www.spe ktrum.de/lexikon/geographie/hauptstadt/3376).

Berlin ist seit Vollzug der Deutschen Einheit am 3. Oktober 1990 die (Bundes-)Hauptstadt der Bundesrepublik Deutschland. Grundlage war der am 29. September 1990 in Kraft getretene Einigungsvertrag. Aufgrund des Parlamentsbeschlusses vom 20. Juni 1991 wurde Berlin im Jahr 1999 auch Sitz von Parlament und Regierung. Davor war Bonn seit Gründung der Bundesrepublik Regierungssitz und (1949–1990) provisorische Bundeshauptstadt. Berlin (Ost) war indessen die Hauptstadt der Deutschen Demokratischen Republik; im offiziellen DDR-Sprachgebrauch wurde Ost-Berlin zu „Berlin, Hauptstadt der DDR". Das daraus abgeleitete Synonym „die Hauptstadt" ist als ein Relikt des DDR-Sprachgebrauchs in die Mediensprache des vereinten Deutschlands eingegangen, obwohl das präzisere Synonym „die Bundeshauptstadt" aus der Zeit der Bonner Republik weiterhin zur Verfügung steht. Berlin wurde mit dem Umzugsbeschluss Hauptsitz des Bundespräsidenten, des Deutschen Bundestages, des Bundesrates, vieler Bundesministerien sowie einiger weiterer Bundesbehörden.

Im Zuge der Föderalismusreform wurde 2006 die Frage der Bundeshauptstadt zum ersten Mal im Grundgesetz geregelt und damit Berlins Status als Bundeshauptstadt im Grundgesetz verankert (Art. 22 Abs. 1 GG) (siehe u. a. https://de.wikipe dia.org/wiki/Bundeshauptstadt).

Anreden und Titulierungen

Für jeden Menschen ist sein Name das schönste und bedeutungsvollste Wort in seinem Sprachschatz (Carnegie 2011)! Und: Es gibt für den ersten Eindruck keine zweite Chance (Strelecky 2009)! Deshalb ist die Anrede von Personen ein zentraler Baustein in unserer heutigen Kommunikation.

Seit unserer Geburt hören wir unseren Namen tagtäglich, dieser hat sich fest mit unserer Persönlichkeit verbunden. Somit sehen wir es auch als sehr unhöflich und respektlos an, wenn wir falsch angesprochen bzw. tituliert werden.

Ein Hilfsmittel für die korrekte Ansprache und Anrede ist der „Ratgeber für Anschriften und Anreden" und wird vom Protokoll Inland der Bundesregierung im Bundesministerium des Innern seit 1975 herausgegeben.

Für die richtige Anrede/Ansprache sind die folgenden Hinweise zu beachten

1. Hängt Ihre Veranstaltung direkt mit einem Ihrer Gäste zusammen, dann ist dieser Ihr wichtigster Ehrengast und wird vor allen anderen begrüßt (z. B. der Schirmherr der Veranstaltung, der Künstler, dessen Vernissage Sie eröffnen oder der Jubilar, dessen Laudatio Sie halten).
2. Achten Sie darauf, dass alle Gäste, die Sie namentlich erwähnen möchten, auch tatsächlich anwesend sind. Es ist sehr peinlich, wenn der Ehrengast, den Sie ansprechen, nicht vor Ort ist.
3. Um „Begrüßungsorgien" zu vermeiden, prüfen Sie mit Fingerspitzengefühl und Ihrer persönlichen Erfahrung, wessen Begrüßung unabdingbar ist und wer es verschmerzen kann, nicht erwähnt zu werden. Hier kann man bestimmte Personen in Gruppen zusammenfassen und diese z. B.: als konsularisches Corps oder Mitglieder des Aufsichtsrates begrüßen.

© Springer Fachmedien Wiesbaden GmbH, ein Teil von Springer Nature 2021   19
K. Lohrisch und S. Luppold, *Event-Protokoll*, essentials,
https://doi.org/10.1007/978-3-658-32878-8_5

4. Alle Namen und Titel müssen korrekt sein und richtig ausgesprochen werden. Erkundigen Sie sich im Zweifelsfall im Umfeld Ihres Gastes, z. B. bei der Assistentin, dem Referenten oder auch bei der Ehefrau oder dem Ehemann bzw. dem Lebenspartner. Hilfreich ist es auch, sich den Namen in Lautschrift niederzuschreiben.

5. Hat jemand unterschiedliche Amtsbezeichnungen oder gleich mehrere Titel, dann helfen Ihnen die folgenden Fragen: In welcher Funktion ist Ihr Gast bei Ihnen? Haben Sie Herrn Dr. Max Mustermann als Bundestagsabgeordneten eingeladen? Oder als Präsidenten der Handelskammer? Danach richtet sich die Anrede, denn in den meisten Bereichen des öffentlichen Lebens ist es üblich, Amt oder Titel als Anrede zu gebrauchen, hier also Herr Abgeordneter oder Herr Präsident. Vielleicht bevorzugt der Angesprochene aber auch eine schlichte Anrede, oder Sie sind ihm schon seit Jahren freundschaftlich verbunden? Dann sind Herr Dr. Mustermann oder im privateren Rahmen Lieber Max die passenden Begrüßungen.

In diplomatischen Kreisen oder bei Religionsgemeinschaften gelten häufig noch althergebrachte Anreden, wie z. B. Exzellenz (Botschafter, Nuntius oder katholische Bischöfe) oder Eminenz (Metropolit der orthodoxen Kirche). Teilweise hat sich hier auch die weltliche Anrede mit der Funktionsbezeichnung durchgesetzt: Herr Bischof oder Frau Botschafterin. Sie sollten im Einzelfall unbedingt vorher mit dem Sekretariat abklären, welche Anrede Ihr Gast bevorzugt.

Ein weiteres Fettnäpfchen sind die akademischen Titel. Bei den Anreden gehen Sie bitte nach dem Prinzip vor: Weniger ist mehr. Nur der ranghöchste Titel wird zusammen mit dem Namen genannt. Sie sprechen Herrn Prof. Dr. Dr. h. c. Max Mustermann also nur als Herrn Professor Mustermann an. Ehrentitel (h. c.), Diplom- und Magistertitel können Sie in der Anrede ebenfalls weglassen: Herrn Dipl.-Ing. Max Mustermann begrüßen Sie also entsprechend als Herrn Mustermann. Hier gilt das, was wir in der schriftlichen Korrespondenz in Briefanrede und Anrede unterteilen: Die Einladung richtet sich etwa an Frau Prof. Dr. Müller – so im Adressfeld zu bezeichnen – und die Ansprache im Text lautet dann „Sehr geehrte Frau Professor Müller".

Mit Abschaffung der Adelsprivilegien 1919 wurden die ehemaligen Adelsbezeichnungen Bestandteil des Familiennamens. Wenn die Person aus Deutschland stammt, sollten Sie ihren Adelstitel unbedingt im Familiennamen berücksichtigen. In Österreich ist die Führung von Adelstiteln seit 1919 offiziell abgeschafft, in der Schweiz bereits seit rund 200 Jahren nur noch als Bestandteil des Namens üblich. Sollten Sie die Titel nennen müssen, so fällt die Bezeichnung Herr oder Frau beim hohen Adel (Fürst, Graf) weg. Die Zusätze *von* und *zu* können Sie dann ebenfalls weglassen.

Beispiele

- Maria Fürstin zu Mustermann = verehrte Fürstin Mustermann;
- Otto Graf von Mustermann = lieber Graf Mustermann.

Der Titel Freiherr/Freifrau wird aber keinesfalls genannt:

- Freiherr Peter von Mustermann = sehr geehrter Herr von Mustermann.

Trägt Ihr adeliger Gast zusätzlich einen akademischen Titel, dann ist die korrekte Reihenfolge bei der Nennung der Titel: akademischer Titel + Adelstitel + Nachname:

- Dr. Gräfin Mustermann oder Professor Fürst Mustermann.

Wenn Sie keine Ehrengäste zu begrüßen haben, sondern weniger bekannte und nicht prominente Gäste erwarten, sollten Sie sich dennoch viel Mühe geben und folgende vier Punkte beachten:

1. Wählen Sie eine individuelle, dem Anlass angemessene Ansprache, z. B. bei einer Kunstausstellung: *Sehr geehrte Freundinnen und Freunde der Kunst* oder beim Tag der offenen Tür *Liebe Gäste unseres Unternehmens.*
2. Sagen Sie bitte niemals: *Liebe Anwesende!*
3. Betonen Sie immer die Qualität und nicht die Quantität des Besuches. Sagen Sie also: *Ich freue mich, dass Sie unserer Einladung trotz des schlechten Wetters gefolgt sind* anstatt der unsinnigen Floskel *Schön, dass Sie so zahlreich erschienen sind.*
4. Vergessen Sie nicht sich selbst! Wenn es nicht eindeutig ist, wer Sie sind und in welcher Funktion Sie sprechen, stellen Sie sich kurz vor.

▷ **Immer daran denken: Weniger ist mehr!** Je weniger Gäste Sie hervorheben, desto weniger Fehler können Sie machen. Außerdem schaltet Ihr Publikum bald ab, wenn Sie es zu lange auf die eigentliche Rede warten lassen. Vermeiden Sie also Begrüßungsorgien.

Eine große Hilfestellung für die richtige Ansprache und Titulierung ist beim Bundesministerium des Inneren zu finden (Bundesministerium des Inneren 2021h).

Rang und Rangfolge

Die Rangfolge von Repräsentanten staatlicher Organe, öffentlicher Einrichtungen, Würdenträger und Personen des öffentlichen Lebens ist eine zentrale Grundlage für das protokollarische Handeln. Das Staatsprotokoll bildet die Basis für die Platzierung, Begrüßung und für die Reihenfolge der Redner (Jakob und Rambalski 2014, S. 45 f.).

Die Rang- und Titulierungsfragen sind in den internationalen Beziehungen von Bedeutung, da sie auch zwischenstaatliche Beziehungen beeinflussen können.

Doch auch auf nationaler Ebene sollte z. B. bei Staatsakten, Festveranstaltungen und offiziellen Essen auf einen angemessenen protokollarischen Umgang der Teilnehmer geachtet werden (Bundesministerium des Innern 2021f). Die Bundesrepublik Deutschland verfügt über keine offizielle Rangliste, die eine verbindliche innerstaatliche Rangordnung festlegt (Bundesministerium des Innern 2021g).

Trotzdem gibt es Ordnungsregeln für die protokollarische Rangfolgebildung, die im Folgenden beschrieben sind.

Eine sichere „indirekte – nicht offizielle" Richtschnur für protokollarische Rangfolgen der Bundesrepublik Deutschland ist der Ratgeber „Anschriften und Anreden" des Bundesministeriums des Innern. Diesen Ratgeber finden Sie unter www.protokoll-inland.de. Sie umfasst Personen und Ämter, die unmittelbar oder mittelbar mit dem Staat und seinen Organen nicht nur national, sondern auch international verbunden sind.

Die Liste orientiert sich vor allem an historisch gewachsenen, repräsentativen Kriterien; besonders auf höchster Ebene erfolgt die Einordnung der Personen nach der auch symbolischen Bedeutung ihres Amtes/ihrer Position für das größte Gemeinwesen auf deutschem Boden: den Staat.

Diese Rangfolge gemäß symbolischer Bedeutung können Sie auf jedes kleinere Gemeinwesen, z. B. eine Kommune, übertragen und Sie sind damit für jeden Ihrer offiziellen, protokollarischen Anlässe gut gerüstet. Bitte beachten Sie, beim

K. Lohrisch und S. Luppold, *Event-Protokoll*, essentials,
https://doi.org/10.1007/978-3-658-32878-8_6

Erarbeiten einer Rangliste dürfen keine Nachlässigkeiten auftreten – nutzen Sie Ihren Spielraum in den vorgegebenen Grenzen, dies ist in den nachstehenden Fällen beispielhaft geschildert:

Personen, die in Ihrem Umfeld ausgesprochen hohe soziale Bedeutung oder Anerkennung genießen, können Vorrang vor denen auf der Liste haben. So gebührt z. B. dem (Ober-)Bürgermeister in den meisten Fällen Platz 1 Ihrer Rangfolge, denn er ist auf kommunaler Ebene das, was der Bundespräsident auf Staatsebene ist: der erste Bürger.

Die Rangfolge ist die elementare Grundlage für die Begrüßung, für die Reihenfolge von Reden und die Platzierung Ihrer Ehrengäste, ebenso wer in welchem Fahrzeug sitzt.

Neben der indirekten Richtschnur für protokollarische Rangfolgen der Bundesrepublik Deutschland gibt es noch zahlreiche andere Faktoren, welche die Rangfolge Ihrer Veranstaltung beeinflussen.

Die wichtigsten Faktoren bzgl. der Rangfolge
Lebensalter: Das Alter der Gäste ist ein natürliches Ordnungsmerkmal, das sich auch im Staatszeremoniell erhalten hat. Wenn sich z. B. der Bundestag neu konstituiert, wird die Sitzung bis zur Wahl des Bundestagspräsidenten von dem ältesten Mitglied geleitet.

Frau nicht unbedingt vor Mann: Einen Vorrang der Frau vor dem Mann gibt es im Staatszeremoniell nicht. Bei gemeinsamen Auftritten teilt eine Frau den Rang ihres Ehemanns oder umgekehrt der Mann den Rang seiner Ehefrau; beide nehmen dann den höheren Rang ein. Wenn Eheleute hingegen einzeln auftreten, gilt nur ihr jeweils eigener Rang.

Außerhalb des staatlichen Zeremoniells schließlich ist es eine Frage der Höflichkeit, der Frau den Vortritt zu lassen.

Mandatsträger vor Beamten: Gewählte politische Repräsentanten rangieren vor Verwaltungsbeamten. Beispiele: Bürgermeister oder Landrat vor Stadtdirektor, Vorsitzender des Sozialausschusses vor Sozialamtsleiter.

Erworbene Titel vor verliehenen Titeln: Bei Titeln rangieren stets die erworbenen vor den verliehenen. Beispiele: akademischer Doktor vor Dr. h. c. (= honoris causa: lateinisch für ehrenhalber), ordentlicher Professor vor Prof. h. c., Botschafter vor Honorarkonsul.

Ausländer vor Inländern: Gäste aus dem Ausland oder entsprechend aus anderen Städten oder Gemeinden werden vor den einheimischen begrüßt. Das gebietet die

Höflichkeit als Gastgeber und honoriert außerdem den (mehr oder weniger) weiten Weg, den der Besucher auf sich genommen hat.

Anciennitätsprinzip: Bei der Anciennität (aus dem Französischen ancienneté: Altersstufe), der Reihenfolge nach dem Dienstalter, geht es darum, wie lange eine Institution schon besteht oder wie lange eine Person ihre Aufgabe bereits ausübt. So richtet sich die Rangfolge der Diplomaten nach dem Anciennitätsprinzip: Maßgebliches Datum ist der Zeitpunkt, an dem das Beglaubigungsschreiben dem Bundespräsidenten überreicht wurde.

Für die Gruppierung von Ranggleichen ist der Grundsatz der Anciennität gerechter und eindeutiger als das Alphabet, das gerade im internationalen Bereich kein zuverlässiges Kriterium ist. Die Rangfolge nach dem Dienstalter eignet sich insbesondere dort, wo Kollegialität herausgestellt werden soll. So beachten zum Beispiel die Regierungspräsidenten eines Bundeslands untereinander die Rangfolge nach dem Dienstalter.

Besondere Beziehungen: Personen, die mit ihrer persönlichen Leistung zum Gastgeber oder zu der von ihm vertretenen Institution in einer besonderen Beziehung stehen, können anderen Gästen gegenüber hervorgehoben werden: Ehrenbürger, Heimatforscher, Vereinsvorsitzende, der Doktorvater des Gastgebers, ein wichtiger Geschäftspartner oder der Gründer des Unternehmens. Die Möglichkeiten sind gerade hierbei sehr vielfältig. Voraussetzung ist natürlich, eine solche Bevorzugung genügend transparent zu machen, damit sich andere Gäste nicht zurückgesetzt fühlen.

Soziale Anerkennung: Stellen Sie sich immer die Frage: Entspricht die von mir festgelegte Rangfolge der sozialen Anerkennung? Die wiederum lässt sich nicht eindeutig festlegen, sondern hängt immer von spezifischen Faktoren ab. So können lokale oder branchenübliche Besonderheiten eine Rolle spielen, ebenso die Zusammensetzung und die Erwartungen Ihres Gästekreises. So stellen Sie die protokollarische Rangfolge in einen größeren Zusammenhang.

Versuchen Sie die Anwendung der Rangfolge-Regeln an folgendem Beispiel: Ihre Gäste sind die Oberbürgermeister, der amerikanische Generalkonsul, die französische Botschafterin, der Kanzler der örtlichen Universität, der Rektor der französischen Partner-Universität, der Präsident der Industrie- und Handelskammer, EU-Abgeordnete, die Vorsitzende des Geschichtsvereins und ein betagter und international anerkannter Forscher Prof. Dr. Mustermann.

Ein Beispiel

Zum 100-jährigen Firmenjubiläum der Firma **Metall GmbH,** ein mittelständisches Metallbauunternehmens in Musterstadt (Baden-Württemberg), kommen die folgenden hochrangigen Gäste:

* Max Mustermann, geschäftsführender Gesellschafter Metall GmbH
* Dr. Magnus Muster, Hauptgeschäftsführer IHK der Region Musterstadt
* Prof. Dr. Johannes Mayer, Bundeskanzler der Bundesrepublik Deutschland
* Dr. Petra Schmidt, Vorsitzende des Geschichtsvereins von Musterstadt
* Prof. Dr. Verena Schulze, Präsidentin der Handwerkskammer Baden-Württemberg
* Fritz Meier, Oberbürgermeister der Landeshauptstadt Musterstadt
* Eugen Karl, Vorstandsvorsitzender eines globalen Maschinenbauweltmarktführers
* Thilo Müller, Hauptgeschäftsführer Verband Deutscher Maschinen- und Anlagenbau e. V. (VDMA)
* Dr. Nicole Schneider, Landesministerin für Wirtschaft und Arbeit Baden-Württemberg
* Dr. Max Krause, Präsident Verband Deutscher Maschinen- und Anlagenbau e. V. (VDMA)

(Anmerkung: Die Namen sind frei erfunden und haben nichts mit den jeweiligen im Amt befindlichen Personen zu tun. Dies dient der besseren Darstellung.)

Aufgabe

Ranking: Wie würden Sie im vorliegenden Beispiel das Ranking erstellen?

Platzierung: Ordnen Sie diesen Personen protokollarisch korrekt die Sitzplätze in der ersten Reihe zu (Theaterbestuhlung)!

Lösung

Ranking:

Gastgeber: Max Mustermann, geschäftsführender Gesellschafter Metall GmbH;

1. Prof. Dr. Johannes Mayer, Bundeskanzler der Bundesrepublik Deutschland
2. Dr. Nicole Schneider, Landesministerin für Wirtschaft und Arbeit Baden-Württemberg
3. Fritz Meier, Oberbürgermeister der Landeshauptstadt Musterstadt
4. Dr. Max Krause, Präsident Verband Deutscher Maschinen- und Anlagenbau e. V. (VDMA)
5. Prof. Dr. Verena Schulze, Präsidentin der Handwerkskammer Baden-Württemberg
6. Eugen Karl, Vorstandsvorsitzender eines globalen Maschinenbauweltmarktführers
7. Thilo Müller, Hauptgeschäftsführer Verband Deutscher Maschinen- und Anlagenbau e. V. (VDMA)
8. Dr. Magnus Muster, Hauptgeschäftsführer IHK der Region Musterstadt
9. Dr. Petra Schmidt, Vorsitzende des Geschichtsvereins von Musterstadt

Platzierung:

				GG					
				Bühne					
Dr. Muster	Karl	Dr. Krause	Dr. Schneider	Muster-mann	Prof. Mayer	Meier	Prof. Schulze	Müller	Dr. Schmidt

Das Placement, auch Sitzspiegel (Dreimann 1985, S. 118) genannt, ist ein wichtiges Element für die Platzierung von Ehrengästen aus Politik, Staat und Gesellschaft bei staatlichen Veranstaltungen. Dabei sollte auf die horizontale Ausgewogenheit geachtet werden, d. h. auf eine entsprechende Berücksichtigung der Repräsentanten von Legislative, Exekutive, Judikative sowie der im Bundestag vertretenen politischen Parteien. Ebenso wichtig ist die vertikale Ausgewogenheit, die eine angemessene Beachtung der Repräsentanten aus Bund, Ländern und Kommunen beschreibt (Bundesministerium des Innern 2021g). Auch hier gibt es keine offiziell festgelegten Regeln. Die Rangfolge, die Funktion oder die Nähe zum Anlass der Veranstaltung dienen hierbei als protokollarische Ordnungskriterien (Schneider 2014, S. 56). Es gibt jedoch Rangfolge-Empfehlungen für hohe und höchste Repräsentanten des Staates, die auch auf kommunale Ebene zur Orientierung genutzt werden können (Schneider 2014, S. 56) (siehe Abb. 7.1). Die Platzierung dient den geordneten organisatorischen Vorbedingungen für den Ablauf einer Veranstaltung. Die Ehrengäste erwarten vom Veranstalter aus Gründen des Prestiges und der Tradition einen bestimmten zugewiesenen Platz (Schneider 2014, S. 57; Bundesministerium des Innern 2021g). Ein gut durchdachtes Placement drückt die Wertschätzung gegenüber den Gästen aus und ist ein wichtiger Rahmen einer Veranstaltung (Brissa 2018, S. 155). Die Grundlage einer Platzierung ist das vorab erstellte Ranking. Deshalb sollten Sie für die Erstellung des Rankings genug Zeit einplanen und sehr konzentriert arbeiten. Ebenso können Sie das Ranking für die Begrüßung der Reihenfolge der Ehrengäste verwenden. Bitte bedenken Sie, dass Nachlässigkeiten am Tag der Veranstaltung bestraft werden und Sie dann doppelte Arbeit haben: sie müssen sich immer persönlich bei den Gästen entschuldigen.

© Springer Fachmedien Wiesbaden GmbH, ein Teil von Springer Nature 2021   29
K. Lohrisch und S. Luppold, *Event-Protokoll, essentials*,
https://doi.org/10.1007/978-3-658-32878-8_7

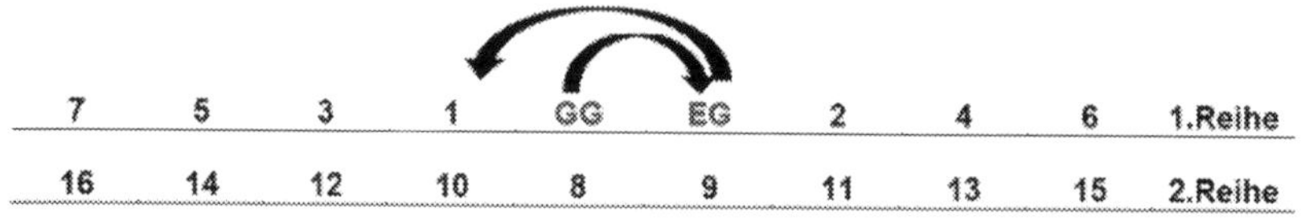

| 7 | 5 | 3 | 1 | GG | EG | 2 | 4 | 6 | 1.Reihe |
| 16 | 14 | 12 | 10 | 8 | 9 | 11 | 13 | 15 | 2.Reihe |

Abb. 7.1 Reihenbestuhlung in Anlehnung an Schneider (2014, S. 56) (GG = Gastgeber, EG = Ehrengast)

Reihenbestuhlung mit Bühne

Bühne

1	2	3	4	5	6	7	8	9	10
11	12	13	14	15	16	17	18	19	20
21	22	23	24	25	26	27	28	29	30

Rotumrandete Plätze in jeder Reihe sind die ranghöchsten Sitzplätze

Abb. 7.2 Alternierende Platzierung bei Reihenbestuhlung mit Bühne. (Quelle: Eigene Darstellung)

Platzierungsbeispiele

Diese alternierende Platzierung können Sie auf Abb. 7.2 anwenden.

Die Abb. 7.3 und 7.4 zeigen Platzierungsbeispiele für Gespräche und Konferenzen mit und ohne Dolmetscher.

Die Abb. 7.5 und 7.6 zeigen Beispiele für die Saalbestuhlung und Sitzordnung bei Festakten.

Platzierung am Konferenztisch

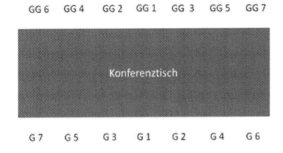

GG 6   GG 4   GG 2   GG 1   GG 3   GG 5   GG 7

Konferenztisch

G 7   G 5   G 3   G 1   G 2   G 4   G 6

GG = Gastgeber
G = Gast

Abb. 7.3   Platzierung am Konferenztisch. (Quelle: Eigene Darstellung)

Sie haben nun einige Platzierungsbeispiele gesehen. Jetzt ist es sehr wichtig, in welcher Location Sie die Veranstaltung durchführen. Denken Sie an das Besondere: Bei einem Bankett können Sie beispielsweise eine altehrwürdige Räumlichkeit (ein Schloss, eine Burg, ein historisches Museum) auswählen, die dann für die nötige Atmosphäre sorgt. Die Location liefert bereits das gewünschte Ambiente mit. Als Platzierungssystem ist es ratsam, bei der Ankunft der Gäste die Tischnummern bekanntzugeben. Zur Orientierung können noch Placement-Tafeln aufgestellt werden. Unerlässlich sind Hostessen bzw. Hosts, die den Gästen ihren Platz zeigen.

**Platzierung am Konferenztisch
mit Dolmetscher**

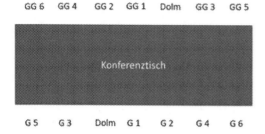

GG 6   GG 4   GG 2   GG 1   Dolm   GG 3   GG 5

Konferenztisch

G 5   G 3   Dolm   G 1   G 2   G 4   G 6

GG = Gastgeber
G   = Gast
Dolm = Dolmetscher

Abb. 7.4   Platzierung am Konferenztisch mit Dolmetscher. (Quelle: Eigene Darstellung)

Bankett –
Runde Tische für große Veranstaltungen/Essen

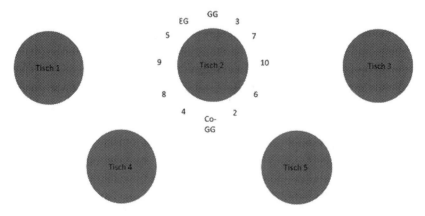

Abb. 7.5   Platzierung beim Bankett. (Quelle: Eigene Darstellung)

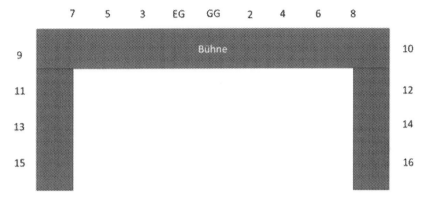

Abb. 7.6 Platzierung Festaktbestuhlung – Hufeisenform. (Quelle: Eigene Darstellung)

Gastgeschenke

8

Gastgeschenke spielen eine wichtige Rolle im Rahmen des Protokolls, da diese meist während eines Staatsbesuches oder bei Auslandsreisen des Bundespräsidenten übergeben werden. Im Protokoll des Auswärtigen Amtes gibt es hierfür Mitarbeiter, die sich hauptsächlich um die Beschaffung von adäquaten Geschenken für ausländische Würdenträger kümmern. Die Auswahl des Geschenkes erfordert nicht nur Geschick, sondern auch das Wissen über bestimmte Kulturkreise. Des Weiteren sollte es sich um ein deutsches Produkt handeln und idealerweise einen Bezug zu den Beziehungen zwischen Deutschland und dem betreffenden Staat herstellen (Brandt 2005, S. 36 f.).

Bei den Gastgeschenken gibt es ein paar Grundregeln zu beachten. Wie auf großer bundespolitischer Ebene sollten Sie über die Beziehung zu dem „Beschenkten" und dessen Vorlieben nachdenken. Auch hier kann man sich im Umfeld Ihres Gastes, z. B. bei der Assistentin oder dem Referenten über Interessen und Vorlieben erkundigen. Hintergrundinformationen und ein entsprechendes Netzwerk sind hier sehr wertvoll.

Bitte beachten sie, dass Geschenke immer angepasst und nie zu üppig und/oder übertrieben ausfallen dürfen. Es kommt nicht auf den materiellen Wert (Kaufpreis) an, sondern auf die Kreativität und Besonderheit bei der richtigen Auswahl beispielsweise aus der Region. Geschenke dürfen nicht zu persönlich sein, insbesondere dann, wenn sie coram publico (also in der Öffentlichkeit) angenommen und geöffnet bzw. ausgepackt werden. Ferner ist zu beachten, dass die Geschenke keine religiösen, nationalen, traditionellen oder abergläubischen Besonderheiten des Gastes verletzten. Vermeiden sie Werbepräsente mit offenkundigen Werbeaufdrucken.

Weiterhin ist es wichtig, dass das Geschenk auch zeitgerecht beschafft werden kann. Das schönste Geschenk bringt nichts, wenn es dem Gast erst nach dessen Besuch zugestellt werden kann.

© Springer Fachmedien Wiesbaden GmbH, ein Teil von Springer Nature 2021   35
K. Lohrisch und S. Luppold, *Event-Protokoll*, essentials,
https://doi.org/10.1007/978-3-658-32878-8_8

▶ **Wichtig** Machen Sie sich mit den gängigen Compliance-Regeln vertraut! Diese unterscheiden sich nicht nur in den unterschiedlichen Kulturkreisen, sondern auch im nationalen und internationalen Bereich bis hin zu den von Unternehmen spezifisch festgelegten. Jedes Unternehmen gibt sich selbst seine Compliance-Richtlinien vor. Hier gilt, wie in anderem Kontext schon erwähnt: Tauschen Sie sich im Vorfeld des Besuches mit dem Beauftragten oder den Organisatoren des Gastes aus.

Geschenkübergabe

Das Überreichen wie auch Entgegennehmen von Geschenken wird oft aus Gedankenlosigkeit von Floskeln begleitet: „Darf ich Ihnen diese kleine Aufmerksamkeit überreichen." Dies wertet das Geschenk ungewollt ab.

Die Übergabe der Geschenke sollte mit den jeweiligen Beauftragten abgesprochen sein, da es ansonsten zu peinlichen Situationen kommen kann. Der Austausch sollte immer auf „Chef-Ebene" erfolgen, am besten während eines Essens oder auch kurz vor der Verabschiedung. Möglicherweise erscheint die Geschenkübergabe nicht als Tagesordnungspunkt auf der offiziellen Agenda; sie muss allerdings geplant und damit auf die interne Organisations-Checkliste gesetzt werden.

Zu guter Letzt sollten Sie nicht vergessen, sich für Geschenke und Aufmerksamkeiten zu bedanken.

VIP-Datenbank – Herzstück einer Abteilung

9

Datenbanksysteme, hier im Speziellen sogenannte Adressdatenbanken bzw. CRM-Systeme (Customer Relationship Management) sind heute ein zentraler Bestandteil der Software-Infrastruktur von Unternehmen. Verfügbarkeit, Vollständigkeit, Richtigkeit und Relevanz der Daten bilden die Grundlage eines handlungsfähigen Unternehmens.

Bezogen auf protokollarische Aufgaben sind der Aufbau und die Pflege einer VIP-Datenbank das Herzstück einer zuständigen Abteilung.

Ein sehr wichtiger Bestandteil ist die richtige Dateneingabe und Pflege. Hier muss unbedingt vorher überlegt werden, welches Ziel damit verfolgt wird und in welchem Zusammenhang bzw. für welche Zwecke die Daten eingesetzt werden sollen.

Daneben muss festgelegt werden, wo Daten gewonnen und wie sie erfasst werden sollen. Sofern eine direkte Quelle (z. B. über Sekretariate der potenziellen Gäste) nicht zur Verfügung steht, können ganz allgemein eine Internet-Recherche oder Adress-Anbieter (Verlage wie etwas Hoppenstedt) helfen. Dabei gilt es immer die DSGVO (Datenschutzgrundverordnung) im Blick zu behalten.

Steht das Konzept für eine entsprechende Datenbank, ist die Beschaffung geklärt und eine Eingabe bzw. Pflege organisiert, dann steht protokollarischen Aufgaben damit ein zentrales Instrument als Rückgrat zur Verfügung.

In einem laufenden Prozess werden dann Adressen einpflegen, die entsprechend gebildeten Gästekreise und Gästegruppe angelegt, Einladungen generiert und versandt, elektronische Rückmeldungen entgegengenommen und die Kontakthistorie gepflegt.

© Springer Fachmedien Wiesbaden GmbH, ein Teil von Springer Nature 2021
K. Lohrisch und S. Luppold, *Event-Protokoll*, essentials,
https://doi.org/10.1007/978-3-658-32878-8_9

Protokollarische Umgangsformen und Outfit

10

Wie bereits eingangs erläutert: Ein Rahmen, der Leitlinien zum Verhalten bei Veranstaltungen gibt, schafft Sicherheit. Dies gilt ebenso für Begegnungen im Alltag, die zumindest eine Begrüßung und einen kurzen Austausch beinhalten.

10.1 Regeln der Begrüßung

Wenn sich Menschen begegnen, beginnt dies in der Regel mit einer Begrüßung. Diese kann nonverbal sein, mit einem kurzen Zunicken, oder durch einen Handschlag mit einem „Guten Tag". Manchmal sind wir uns unsicher, ob wir unseren Gast angemessen begrüßt haben.

Begrüßungsreihenfolge
Grundsätzlich grüßt die Person zuerst, die einen Raum betritt. Dies gilt im täglichen privaten Umgang, wie auch im Geschäftsleben. Beispiele sind: Fahrstuhl, Wartezimmer, Besprechungsräume oder am Abend in der Sauna.

Im Berufsleben gilt, dass der Rangniedere den Ranghöheren grüßt. Treffen sich Geschäftsführer und Angestellter auf dem Flur, grüßt der Angestellte den Geschäftsführer zuerst. Im Zweifel grüßt der, der jemanden zuerst erblickt.

Ein Gruß sollte möglichst mit den gleichen Worten entgegnet werden. Es klingt eher belehrend, wenn auf ein süddeutsches „Grüß Gott" mit „Guten Tag" geantwortet wird oder auf einen „Guten Morgen" ein „Guter Tag" gewünscht wird.

© Springer Fachmedien Wiesbaden GmbH, ein Teil von Springer Nature 2021
K. Lohrisch und S. Luppold, *Event-Protokoll*, essentials,
https://doi.org/10.1007/978-3-658-32878-8_10

Hand geben

Bei der Begrüßung durch Handschlag gilt die Regel: Der Ranghöhere entscheidet, ob er seinem Gegenüber die Hand reicht. Eine Projektleiterin sollte also beispielsweise darauf warten, dass ihr nach einer verbalen Begrüßung die Hand der Geschäftsführerin angeboten wird.

Ein Gast in einem fremden Büro gilt immer als ranghöhere Person. Dabei spielt es keine Rolle, ob der Gast Zulieferer oder Kunde ist, ob er sich am Empfang oder beim Vorstand vorstellt. Der Gast darf die Hand zuerst geben. Die Gastgeberrolle sollte aber auf jeden Fall im Vordergrund stehen und der Gastgeber sollte seine Gäste mit einem Händedruck willkommen heißen.

Der erste Händedruck

Der Händedruck ist gleichzusetzen mit dem gefühlten ersten Eindruck. Hier kommt das schwer beeinflussbare Signal der Haut ins Spiel. Die Hand sollte warm und trocken sein. Sind meine Hände feucht, kann ich sie schnell und möglichst unauffällig an meinem Stofftaschentuch in der Hosentasche trocknen, das ich als stilvoller Mann immer bei mir trage. Frauen können dies unauffällig am Oberschenkel oder Unterarm erledigen. Kalte Hände können vorab warmgerieben werden.

Sinn und Zweck eines Händedrucks ist es, Vertrauen zu demonstrieren. Ein Händedruck sollte bestimmt sein. Nicht zu weich, aber auch nicht zu hart. Auch beim Händedruck gilt Qualität, nicht Quantität. Die Dauer beträgt rund ein bis zwei Sekunden, nicht eine endloswirkende Viertelstunde. Hände sollten also nach einer gewissen Zeit wieder losgelassen werden. Scheint Ihr Gegenüber Ihre Hand nicht mehr loslassen zu wollen, entspannen Sie einfach Ihren Händedruck und Ihre Hand wird recht schnell freigeben. Denn jetzt hat er den unangenehmen „toten Fisch" in der Hand.

Die Corona-Pandemie verändert viel, manches davon auch dauerhaft. So wird diese wichtige Geste, die als Symbol der Freundschaft gilt, vielleicht an Bedeutung verlieren; das alternative Berühren der Ellbogen oder Füße ist ein Zeichen, verzichtet jedoch auf den Hautkontakt. Dennoch bleibt so ein Hinweis, dass mit dieser Berührung eine Form der Gleichstellung verbunden ist.

Blickkontakt und Hände aus den Hosentaschen

Während des Händedrucks ist der Blickkontakt ein Muss. Alles andere wäre unhöflich. Der Blickkontakt wurde schon im Mittelalter sehr ernst genommen. Hier hoben Ritter ihr Visier und zeigten so, dass sie in Freundschaft und nicht zum Kampf gekommen waren. Dies wurde später durch das Anheben des Hutes symbolisiert – und heute sollte die Sonnenbrille zur Begrüßung angehoben oder abgenommen werden.

Auf jeden Fall werden beim Händedruck die Hände aus den Hosentaschen genommen. Diese Geste entspringt auch einer alten Regel. Der Gegenüber soll beide Hände sehen und so nicht Gefahr laufen, dass aus der Tasche eine Waffe gezogen wird. Handschuhe sollten vorher ausgezogen werden, wenn der Gegenüber keine Handschuhe trägt. Doppelhandgriff oder das Tätscheln der Schulter sind Dominanzgesten, die beim Gegenüber eher unsympathisch ankommen – insbesondere dann, wenn man sich nicht gut kennt.

Wer wird bei mehreren Personen zuerst begrüßt?
Welche Begrüßungsregeln gelten, wenn man einen Raum mit mehreren Personen betritt? Wer bekommt zuerst die Hand gereicht? Der Gastgeber oder die Kontaktperson, die ich kenne, wird zuerst mit Handschlag begrüßt. Diese Person sollte mich dann den anderen unbekannten Personen vorstellen. Vorgestellt werden die neu ankommenden den bereits anwesenden Personen. Und die wichtigste Person im Raum sollte als erste erfahren, wer vor ihr steht. Stellt man sich selbst vor, ist die sympathischste Vorstellung: Tagesgruß, Vorname und Nachname. Alte Floskeln wie „Gestatten", „Sehr erfreut" oder „Angenehm" können Sie getrost weglassen und durch den einfachen Tagesgruß ersetzten.

Ist in einer Gruppe keine Rangordnung festzustellen, wird allen der Reihe nach die Hand gegeben. Vergessen Sie dabei nicht, ab und zu Ihren Namen zu wiederholen. Somit bekommen alle Beteiligten die Chance, Ihren Namen wirklich zu hören. Vermeiden Sie Zickzack-Kurse durch den Raum. Auch wenn es so schön heißt „Ladies First", beginnen Sie bei gleichrangigen Personen in einer Gruppe bei der Ihnen am nächsten stehenden Dame an und gehen Sie dann der Reihe nach vor. Übrigens: im Berufsleben stehen Männer und Frauen zur Begrüßung auf.

Ein Händedruck ist eine Aufforderung für ein Gespräch. Es werden zumindest ein paar Worte erwartet. Fehlt die Zeit dafür, verzichtet man besser auf den Handschlag und grüßt nur kurz mündlich im Vorbeigehen. Und stets sympathisch wirken Sie, wenn Sie den letzten Hinweis beachten: Eine gereichte Hand wird immer entgegengenommen.

Die Visitenkarte und deren Umgang
Visitenkarten waren schon in der viktorianischen Zeit bekannt. Damals gab der Besucher dem Butler die Karte, welche auf einem Silbertablett zum Gastgeber getragen wurde. So konnte der Diener den Gast fehlerfrei bei seinen Herrschaften anmelden und die Karte anschließend dem Gast zurückgeben.

Bei Geschäftsbesuchen gibt man am besten die Visitenkarte zunächst am Empfang ab. Das vereinfacht die Anmeldung und das Ausfüllen von Besucherausweisen. Namen werden richtig ausgesprochen und eine Anmeldung beim Sekretariat bringt keine Verwirrung. Nach diesem Prozedere erhält man die Karte meist zurück, da dort wenig damit anzufangen ist.

Visitenkarten werden auch heute noch zu Beginn eines Besuchs oder Gesprächs ausgetauscht. Der Gast gibt seine Karte zuerst. Erst danach ist die gastgebende Person an der Reihe. Auch hier ist der Blickkontakt wichtig, wenn die Karte übergeben wird. Eine Visitenkarte sollte auf jeden Fall auch aufmerksam nach der Übergabe gelesen werden. Denn hier verstecken sich wichtige Informationen wie der akademische Grad, der bei der Anrede auf jeden Fall mit genannt werden muss.

Es gilt als unhöflich, eine Visitenkarte ungelesen wegzustecken. In Gruppen erhält zuerst die ranghöchste Person die Visitenkarte. Ist eine Hierarchie nicht erkennbar, werden die Visitenkarten der Reihe nach verteilt. Die Karten dürfen auf dem Besprechungstisch liegen bleiben – idealerweise in der Reihenfolge, in der die jeweiligen Personen auch sitzen, sodass man die Namen leicht zuordnen kann. Keiner erwartet, dass man sich mehrere Namen auf einmal merken kann.

Die Aufbewahrung von Visitenkarten gelingt am besten in dafür vorgesehenen Etuis. So bleiben die Karten in ansprechender Form.

10.2　Smalltalk

Mit dem Smalltalk ist es wie mit dem Flirten: Dem ersten Satz haftet ein nahezu mythisches Fanal an – so als gäbe es danach keine Höhepunkte mehr. Stimmt aber nicht. Eine gekonnte Konversation zu führen, ist eine Kunst für sich und ein wichtiger Erfolgsschlüssel. Genau diese Kunst des leichten Plauderns fällt vielen schwer.

Dabei ist guter Smalltalk keine Raketenwissenschaft. Es ist das Salz in der Suppe und kein akustischer Sperrmüll. Er lässt sich lernen – damit Sie elegant jenes sprichwörtliche Eis brechen und einen positiven ersten Eindruck hinterlassen. Dabei reicht es oftmals schon aus, typische Smalltalk Fehler zu vermeiden.

Gelungener Smalltalk versprüht Charme und Charisma, Witz und Esprit. Er ist aber völlig zweckfrei. Es geht nicht darum, jemandem etwas zu verkaufen (und sei es nur sich selbst) oder zu beeindrucken. Beim Plaudern wollen Sie sich kennenlernen, sich unterhalten, Brücken bauen und Gemeinsamkeiten finden. Wenn nicht – auch gut. Das macht die Leichtigkeit des Smalltalks aus. Und nur so behält er sie auch.

Eine gute Konversation ist die Kunst eine interessante Geschichte zu erzählen – Storytelling zu betreiben, wie es heute auch genannt wird. Sie geben ein wenig von sich preis, erzeugen gute Laune, zeigen Humor – lachen vielleicht sogar über sich selbst. Und der Effekt ist: Sie gewinnen Vertrauen und Sympathien, somit können Sie Ihr Netzwerk aufbauen und erweitern.

Vielfach sehen Abläufe von Events oder Konferenzen Raum für Smalltalk vor; das sind nicht nur die Kaffeepausen, sondern zeitliche Abschnitte im Programm, die dann für gesteuertes oder zufälliges Matchmaking genutzt werden können.

Smalltalk ist die Kunst des unangestrengten, ebenso amüsanten wie eleganten Geplauders. Wer etwa dem inneren Zwang erliegt, jedem beweisen zu müssen, wie kommunikativ er ist, kann nur scheitern. Eine solche Haltung wird immer unbewusst wahrgenommen und wirkt entsprechend angestrengt oder aufdringlich. Der englische König Charles II. soll einmal gesagt haben:

„Die Kunst guter Konversation besteht darin, Unsicheren Sicherheit zu geben."

Entsprechend dient das lockere Parlieren dazu, sich unverbindlich auszutauschen, Gemeinsamkeiten zu betonen und so eine gute Atmosphäre für das Weitere zu schaffen. Hierzu gehört auch, dass Sie sich auf Ihren Gast konzentrieren, richtig zuhören und offene Fragen stellen. So schaffen Sie es. eine angenehme Konversation zu führen. Nicht mehr, aber auch nicht weniger.

Manche Gespräche ergeben sich von selbst, manchmal stehen Sie aber vor der Frage: Worüber soll ich beim Smalltalk überhaupt reden? Bei der Auswahl sollten Sie einige grundsätzliche Punkte beachten:

- Die Themen sollten unverfänglich sein.
- Sprechen Sie keine kontroversen Bereiche an.
- Suchen Sie Themen, für die keine Fachkenntnisse benötigt werden.

Etabliert haben sich dabei einige Smalltalk-Themen, die gerne für ein lockeres Gespräch genutzt werden:

- *Hobbys und Interessen*
  Was macht Ihr Gesprächspartner gerne in seiner Freizeit? Was sind seine Hobbys, Interessen und Leidenschaften? Als Smalltalk-Themen sind diese Bereiche gut geeignet. Sie erfahren etwas über den anderen, können etwas von sich selbst preisgeben und sprechen über Dinge, die begeistern.
- *Aktuelle Situation*
  Ein klassisches Smalltalk-Thema ist die Situation, in der Sie sich befinden. Sind Sie auf einer Messe, sprechen Sie den Anlass an. Sind Sie neu im Job und machen Smalltalk mit Kollegen, können Sie nach deren Karriere

und Aufgabenbereichen fragen. So kommen Sie beim Smalltalk leicht ins Gespräch.

- *Essen*

  Wenn es um Smalltalk geht, ist oft Essen in der Nähe. Vor dem Meeting mit Keksen und Kaffee, auf einem Event oder einer Party wird meist Essbares angeboten. Reden Sie darüber, wie gut es schmeckt oder wie groß die Auswahl ist. Schon sind Sie mitten im Smalltalk.

- *Wetter*

  Das bekannteste Smalltalk-Thema bietet durchaus eine Möglichkeit. Allerdings ist es auch mit Vorsicht zu genießen. Smalltalk über das Wetter wird schnell langweilig und wer darüber hinaus nichts zu sagen hat, kommt rasch ans Ende des Gesprächs.

- *Bücher und Filme*

  Sie können über ein Buch reden, das Sie aktuell lesen oder das zu Ihrer Lieblingsliteratur zählt. Gleiches gilt für Filme: die ganze Bandbreite von Klassikern bis hin zu aktuellen Blockbustern kann als Thema für den Smalltalk geeignet sein.

- *Reisen*

  Wohin ging Ihre letzte Reise oder wohin ist der nächste Urlaub geplant? Die meisten Menschen reden sehr gerne über ihre Reisen, weshalb es als Smalltalk-Thema gut geeignet ist. Lassen Sie Ihren Gesprächspartner erzählen – vielleicht gibt es sogar gemeinsame Reiseziele, über die Sie sich austauschen können.

Nur in seltenen Situationen bedarf es einer intensiven Vorbereitung, um eine Plauderei erfolgreich gestalten zu können. Der Geschäftsführer eines Kongresszentrums in Großbritannien berichtete davon: Zur Eröffnung hatte sich Königin Elisabeth II persönlich vor Ort begeben und er als Gastgeber war für eine kurze Phase des Smalltalks mit ihr verantwortlich. Themen wie Familie, Urlaub oder generell Privates mussten gemieden werden („Königliche Hoheit, ich habe hier ein Appartement gemietet – wie wohnen Sie denn so?") und so wurde der Fokus – vorbereitet! – auf Kunst und Kultur gerichtet.

10.3   Outfit Privat und Business

Es ist immer sehr hilfreich, wenn Gäste bereits mit der Einladung einen Dresscode genannt bekommen; bei mehrtägigen Veranstaltungen macht hier ein Hinweis entlang der Agenda Sinn – etwa um von der Workshop-Atmosphäre hin zum festlichen Abend den jeweils passenden Hinweis zu liefern. Dieser sollte klar und eindeutig formuliert sein und keine Spielräume zulassen. Somit vermeiden sie, dass ihre Gäste over- oder underdressed erscheinen (siehe Tab. 10.1 bzw. 10.2).

10.4 Körpersprache

Körpersprache ist eine Form der nonverbalen Kommunikation. Sie drückt sich in Form von Gestik, Mimik, Körperhaltung, Habitus (als Auftreten oder die Umgangsformen betreffend) und anderen bewussten oder unbewussten Äußerungen des Körpers aus. Sie hat einen entscheidenden Einfluss auf die Rezeption (Verständlichkeit) der eigentlichen, gesprochenen Worte / Botschaften sowie die Wirkung der Person auf ihren Gesprächspartner.

Sabine Mühlisch, Dozentin für nonverbale Kommunikation an der Hochschule Konstanz, spricht von der „Einheit aus Körper, Stimme und Wort", als welche Menschen einander wahrnehmen. Es sei „faktisch unmöglich, mit dem Körper zu lügen".

Zu den bewussten Signalen des Körpers zählen angelernte beziehungsweise antrainierte Fähigkeiten, wie Anlächeln, ein gezielter Blick, ein ausdrucksloses „Pokerface", ein selbstbewusster Händedruck zur Begrüßung, eine aufrechte Körperhaltung z. B. im Bewerbungsgespräch oder Reaktionen wie Kopfschütteln und Nicken. Jeder Mensch kann aus der Eigenbetrachtung seiner Körpersprache oder der Beobachtung der Gestik anderer Menschen Schlüsse ziehen und seine bewusste Körpersprache dadurch beeinflussen.

Somit müssen Sie auf Ihre Körpersprache achten, denn Ihr Körper lügt nicht. Nur so bleiben Sie authentisch.

Tab. 10.1 Übersicht Dresscodes

Dresscodes	Mann	Frau	Wirkung	Art des Outfits
Private casual Zwanglose Bekleidung			• Persönlichen Stil untermalend • leger bis sexy • lässig bis weich • sehr individuell	Zwangloses Outfit
Business casual Informelle Bekleidung	Sportliche Hose (z. B. Chino, feine Cordhose), sportliches Kurz- oder Langarmhemd oder Poloshirt; evtl. sportl. Jacke, dunkle Socken, geschlossene dunkle Schuhe, keine Krawatte!	Hose, Blusenjacke, Shirt mit Jacke oder sportliches Kostüm, Strümpfe oder Socken, geschlossene dunkle Schuhe	• Persönlichkeit untermalend • lockere Geschäftsmäßigkeit • selbstsicher	Halboffizielles Outfit
Informal/Business suit Straßenanzug (gedeckter Anzug)	Dezenter Anzug in eher dunkler Farbe oder dezente Kombination Veston/Hose Weißes, einfarbiges oder dezent gemustertes, helles Hemd, Krawatte, dunkle Socken, dunkle Schuhe	Dezentes Kostüm oder kurzes Kleid (mit Jacke oder Mantel) oder eleganter Hosenanzug, Strümpfe, geschlossene, eleganteSchuhe	• ruhig • sachlich • kompetent • zuverlässig • professionell • selbstsicher • gewandt	Offizielles Tagesoutfit

(Fortsetzung)

Tab. 10.1 (Fortsetzung)

Dresscodes	Mann	Frau	Wirkung	Art des Outfits
Smoking (Kleiner Gesellschaftsanzug) Black tie/Dinner jacket	Schwarze Smokingjacke mit Seidenschalkragen, schwarze Hose mit Seidengalons, weißes Smokinghemd, schwarze Fliege (Kummerbund) oder schwarzes Gilet, schwarze Lackschuhe Weiße Smokingjacke (Dinner Jacket) statt schwarze für abendliche Feste unter freiem Himmel möglich	Festliches Abendkleid (kurz oder lang), auch offene Schuhe ohne Strümpfe möglich	• festlich • elegant • edel	Offizielles, festliches Abendoutfit

(Fortsetzung)

Tab. 10.1 (Fortsetzung)

Dresscodes	Mann	Frau	Wirkung	Art des Outfits
Cut Cuttaway/Morning coat	Schwarze Schoßjacke, grau/schwarz gestreifte Hose, graues Gilet, weißes Hemd, grau silberfarbene Krawatte oder Plastron, schwarze Schuhe (keine Lackschuhe)	Kurzes Kleid mit Jacke oder Mantel oder elegantes Kostüm (kein Abendkostüm), bei Trauerfeierlichkeiten feine Strümpfe, geschlossene, elegante Schuhe	• festlich • elegant • dezente Extravaganz	Hochoffizielles, feierliches Tagesoutfit
Frack (großer Gesellschaftsanzug) White tie/full evening dress	Schwarze Frackjacke, schwarze Hose mit hohem Bund und seitlichen Doppelgalons (doppelten Seidenstreifen), weißes Frackhemd, weißes Gilet, Weiße Fliege, schwarze Lackschuhe	Großes (langes) Abendkleid/Ballrobe, offene Schuhe ohne Strümpfe absolut möglich	• feierlich/festlich • elegant • vornehm • raffiniert	Hochoffizielles, festliches Abendoutfit

(Quelle: Schmutz-Wyder und Staub 2021)

Tab. 10.2 Klassifizierung von Anlässen

Zwanglose Anlässe Private-casual	Halboffizielle Anlässe Business-casual	Offizielle Anlässe Straßenanzug; Festlicher, dunkler Anzug; Smoking	Hochoffizielle Anlässe Cut, Frack
• Privater Familienkreis • Einladung zum Grillplausch • Einladung zum Fondue-Essen • Besuch von Ausstellungen, Museen, Messen, Kino • Sport • Ausflüge, Wanderungen • Tanzveranstaltung, Disco/Club • Vereinsleben • Jazz-Abend • Sommerfete • Einladung zum Brunch	• Workshop • Seminarbesuch • Businesslunch • Vortragsbesuch • Kundenkontakt (Kaufhäuser, Bäckerei, Service) • Eröffnung von Firmen, Boutiquen etc. • Elternabend, Elterngespräch • Einladung zum Essen • Konzert/Theater (je nach Veranstaltungsort)	• Firmen- bzw. Geschäftsessen • Sitzung • Anstellungsgespräch • als Referent bei öffentlichen Vorträgen, Referaten, Präsentationen • Kundenkontakt (Banken, Versicherungen, Autobranche, Bijouterie, Herrenausstatter) • Vorträge/Reden • Firmen- bzw. Geschäftsessen • Galaabend, Ball • Cocktailparty • Premieren • Diplomfeier • Würdigungen, Einweihungen • Konzert/Theater (je nach Veranstaltungsort) • Hochzeit • Taufe • Firmung, Konfirmation • Beerdigung, Gedenkfeier	• Trauerfeier für hohen Würdenträger (Schwarzer Cut, insbesondere in Monarchien) • Hochzeit in Adelskreisen (Cut) • Pferderennen von Ascot (Cut) • Wiener Opernball (Frack zwingend) • Zürcher Opernball (Frack oder Smoking) • Nobelpreisverleihung (Frack)

(Quelle: Schmutz-Wyder und Staub 2021)

Funktionen und Schnittstellen des Protokolls mit anderen Bereichen wie Sicherheitsorgane und Öffentlichkeitsarbeit

Protokollarische Aufgaben sind, im Zusammenhang mit der Event-Organisation oder deren Unterstützung, auch in der Koordination mit anderen Beteiligten zu finden. Je nach inhaltlicher Ausgestaltung kann dies über die typischen Absprachen mit Sicherheits- oder Ordnungs-Organen hinausgehen und auch die Presse- und Öffentlichkeitsarbeit betreffen.

Schnittstelle zu Sicherheitsorganen
Polizeiliche Zuständigkeiten:

1. Bundeskriminalamt (BKA)
2. Bundespolizei
3. Polizeien der Bundesländer

Aufgaben des Bundeskriminalamtes:

Das Bundeskriminalamt ist gem. § 5 BKAG verantwortlich für den Personenschutz und für den inneren Schutz der jeweiligen Aufenthaltsräume des Staatsgastes.

Dies umfasst je nach Gefährdung des Staatsgastes:

- die Planung, Vorbereitung, Zusammenführung und Durchführung der Sicherheitskomponenten des Staatsbesuches
- das Halten einer engen Verbindung zu den Botschaften des Gastlandes
- die Abklärung der Sicherheitsaspekte im Rahmen der Vorausreise
- die Sicherstellung des persönlichen Schutzes des Staatsgastes
- die Gewährleistung des inneren Schutzes in den Veranstaltungs- und Übernachtungsräumen des Staatsgastes
- die Durchführung von Aufklärungsmaßnahmen

© Springer Fachmedien Wiesbaden GmbH, ein Teil von Springer Nature 2021
K. Lohrisch und S. Luppold, *Event-Protokoll*, essentials,
https://doi.org/10.1007/978-3-658-32878-8_11

- die Durchführung grenzpolizeilicher Maßnahmen
- den Objektschutz an den Bundesobjekten
- bei Nutzung der Bahn als Transportmittel die Durchführung bahnpolizeilicher Maßnahmen
- den Einsatz von Hubschraubern im Falle eines Kurzstreckentransportes in der Luft
- Aufgaben der Polizeien der Bundesländer
- die Voraufsicht an allen Veranstaltungsobjekten
- Aufklärungsmaßnahmen
- Verkehrs- und Begleitschutzmaßnahmen

Generelle Sicherheitsinformationen Wagenfolge
Die Polizeien der Länder legen gesicherte Fahrstrecken mit entsprechenden Fluchtpunkten fest. Die vom BKA gestellten VIP-Fahrzeuge sind in der Regel sondergeschützt.

Die Fahrzeugkolonne besteht mindestens aus:

- Polizeispitzenfahrzeug
- Protokollfahrzeug/e
- Motorradeskorte (bis zu 15 Kräder) (siehe Abb. 11.1)
- Gastfahrzeug/e
- Sicherheitsfahrzeug/e
- Fahrzeug/e für die Delegation
- Fahrzeug/e für die Delegation
- Polizeischlussfahrzeug
- Die Wagenfolge variiert je nach Gefährdungslage und Delegationsgröße.
- Die Fahrzeuge der Wagenkolonne werden mit Wagenkarten und Nummern bzw. Buchstaben gekennzeichnet.

Kennzeichnung
Alle in den Staatsbesuch involvierten Personen erhalten, abhängig von der vorliegenden Gefährdungslage, Sonderausweise unterschieden nach:

- Delegation/Protokoll/Botschaft
- Presse
- Sicherheit
- Logistik

Abb. 11.1 Beispiel Motorradeskorte. (Quelle: Daily Mail)

Presse: Teilnehmende Medienvertreter bedürfen einer Akkreditierung durch das Presse- und Informationsamt der Bundesregierung. Die zugelassenen Personen werden überprüft, ggf. kontrolliert und mit polizeilicher Begleitung zu den Veranstaltungsorten geführt.

Zutrittsberechtigung: Bei bestimmten Sicherheitsbereichen (z. B. Schloss Bellevue, Bundeskanzleramt) ist der Zugang für Sicherheitskräfte und Medienvertreter zahlenmäßig nur begrenzt möglich.

Medizinische Versorgung
Erfordert es der Gesundheitszustand des Staatsgastes oder die Gefährdungslage, wird ein sanitätsdienstliches Betreuungsteam gestellt. Zur optimalen medizinischen Betreuung des Staatsgastes sind gesundheitliche Besonderheiten mitzuteilen. Diese medizinische Unterstützung wird in den meisten Fällen durch das Bundeswehrkrankenhaus Berlin erbracht. In einigen Fällen kann es sein, dass der Gast seine eigene medizinische Betreuung mitbringt (z. B.: US-amerikanischer Präsident).

Handelt es sich um eine Großveranstaltung wie Konzerte, Messen, Open Air, etc. sind die Hilfsorganisationen Deutsches Rotes Kreuz, Johanniter Unfallhilfe,

Malteser Hilfsdienst oder andere darauf spezialisiert, diese Veranstaltungen mit Sanitäter, Rettungswagen und Notärzten gegen Bezahlung abzusichern.

Örtliche Behörden
Die örtlichen Behörden sind, wie die Sicherheitskräfte, entsprechend von der Veranstaltung zu informieren. Hierunter fallen unter anderem das jeweilige zuständige Ordnungsamt der Gemeinde oder Stadt, Landratsamt oder Regierungspräsidium/Bezirksregierung – abhängig davon, in welchem Bundeslande die Veranstaltung stattfindet.

Je nach Größe der Veranstaltung ist es ratsam, mit allen Beteiligten wie Polizei, Mediziner, örtliche Behörden, Presseabteilung und Vertreter des jeweiligen Gastes eine Sicherheitskoordinationsbesprechung durchzuführen.

Schnittstelle zur Presse- und Öffentlichkeitsarbeit
Es ist wichtig frühzeitig seine Pressestelle oder Unternehmenskommunikation in den Event mit einzubinden. Diese informieren –zu richtigen Zeit – andere Kommunikationsbereiche von Unternehmen, Behörden und Medien. Nutzen Sie je nach Veranstaltung auch die komplette Bandbreite der Medienlandschaft von den sozialen Medien über die regionale, nationale und internationale Presse bis hin zu Fernsehanstalten und Streaming-Diensten.

Es gibt eine bewährte PR-Weisheit: „Tue Gutes und rede darüber".

Manöverkritik – Lessons Learned
Schließlich ist es ratsam, am Ende jeder Veranstaltung eine konstruktive Manöverkritik durchzuführen. Wir benennen dies ganz bewusst konstruktiv, nur ernst gemeinte und ehrliche Rückmeldungen helfen dabei, zukünftige Veranstaltungen weiter zu entwickeln und zu verbessern. Auch wenn es allgemein Lob gab, sollten die folgenden Fragen beantwortet werden: Haben Sie die Ziele der Veranstaltungen erreicht? Wurde das Budget eingehalten? Wie waren die Feedbacks Ihres Chefs und des Ehrengastes bzw. der Personen aus der zweiten Reihe? Wie ist das Kosten-Nutzen-Verhältnis der Veranstaltung?

In anderem Zusammenhang kann diese Manöverkritik auch Debriefing genannt werden: Nach einem Briefing und Rebriefing im Vorfeld beschließt das Debriefing die Veranstaltung in Form einer Schlussbesprechung der an der Organisation bzw. Durchführung Beteiligten.

Die Frage, wie erfolgreiche Events geschaffen werden können, ist in zahlreichen Büchern, aber auch in Fachzeitschriften, auf Blogs und in Case Studies nachzulesen. Wenn wir von Unternehmens- oder Business Events sprechen, dann sind damit unter anderem folgende Veranstaltungsformate gemeint (Graf und Luppold 2018, S. 7):

- Presseveranstaltungen wie Produktshows und Pressekonferenzen
- Mitarbeiterveranstaltungen wie Jahres-Kick-off, Strategiemeeting, Händlertagung, Produktschulungen
- Kundenveranstaltungen wie Messe-Events, Roadshows, Produktshows und Fachtagungen
- Anlassbezogene Events wie Jubiläen, Hauptversammlungen, Eröffnungen

Dabei geht es um ein von einem Unternehmen oder dessen Dienstleister (beispielsweise einer Event-Agentur) inszeniertes Ereignis, das den ausgewählten Zielgruppen, Kommunikationsinhalte vermittelt. Idealerweise werden multisensorische Reize eingebaut und Emotionen erzeugt, die zur nachhaltigen Wirkung das Erinnern unterstützen.

Bei den Zielgruppen – und deren Zielen – greift der klassische Planungs-Ablauf mit seinen Phasen oder Milestones. Voraussetzung für eine möglichst erfolgreiche Veranstaltung ist die konsequente Ausrichtung aller Aktivitäten, von der Initialisierung bis hin zum Abschluss, an den Zielgruppen der Veranstaltung (Haag und Luppold 2020, S. 10 ff.).

Hier kommen verschiedene Dienstleister zum Einsatz, etwa aus der Veranstaltungstechnik oder dem Catering. Das Protokoll ist keine punktuelle Leistung, sondern begleitet den gesamten Prozess vom Anfang bis zum Ende. Vielfach ist

© Springer Fachmedien Wiesbaden GmbH, ein Teil von Springer Nature 2021   55
K. Lohrisch und S. Luppold, *Event-Protokoll*, essentials,
https://doi.org/10.1007/978-3-658-32878-8_12

die Protokoll-Kompetenz in der zuständigen Veranstaltungs- oder Kommunikationsabteilung mit verankert, wird dort mitgedacht, mitberücksichtigt.

Die in diesem Buch vorgestellten Regeln und Abläufe tragen dazu bei, Veranstaltungen erfolgreich zu konzipieren und wirksam zu realisieren. Ihre konkrete Anwendung fließt in den Regieplan (Ablaufplan, Function Sheet) mit ein und sorgt so für den Rahmen bei Besuchen und Begegnungen.

Was Sie aus diesem *essential* mitnehmen können

- Verständnis für die Bedeutung von Protokoll im Zusammenhang mit Unternehmens-Kommunikation und Veranstaltungen
- Relevante Handlungsfelder zur Vermeidung von Störungen im Ablauf der Veranstaltung
- Motivation zur Schaffung von wirksamen und auf die Stakeholder ausgerichteten Events
- Sicherheit im Umgang mit protokollarischen Fragestellungen
- Orientierung und Hilfestellung für Atmosphäre, Stil und Ambiente bei Veranstaltungen

© Springer Fachmedien Wiesbaden GmbH, ein Teil von Springer Nature 2021   57
K. Lohrisch und S. Luppold, *Event-Protokoll*, essentials,
https://doi.org/10.1007/978-3-658-32878-8

Literatur

Auswärtiges Amt (2021): Protokoll. https://www.auswaertiges-amt.de/de/aamt/auswdienst/abteilungen/protokollabteilung/214980. Zuletzt abgerufen am 13.01.2021.

Belliger, A.; Krieger, D. J. (Hrsg.) (2006): Ritualtheorien. Ein einführendes Handbuch. 3. Aufl. Wiesbaden: VS Verlag.

Brandt, E. (2005): Nur nichts dem Zufall überlassen: Das Protokoll. In: Brandt, E. und Buck, C. (Hrsg.): Auswärtiges Amt. Diplomatie als Beruf. 4. Auflage. Wiesbaden: VS Verlag für Sozialwissenschaften, S. 36–55.

Brenner, B. (2018): Leiterin Referat Protokoll und Ordensangelegenheiten des Staatsministeriums Baden-Württemberg. Persönliches Gespräch. Stuttgart.

Brissa, E. (2018): Auf dem Parkett. Kleines Handbuch des weltläufigen Benehmens. Unter Mitarbeit von Birgit Schössow. München: Siedler.

Bruhn, M. (2016): Relationship Marketing. Das Management von Kundenbeziehungen. 5. Auflage. München: Vahlen.

Bundeskriminalamt (o. J.): § 5 BKAG: Schutz von Mitgliedern der Verfassungsorgane und der Leitung des Bundeskriminalamtes.

Bundesministerium des Innern (2021a): Beflaggung. https://www.protokoll-inland.de/Webs/PI/DE/beflaggung/beflaggung-node.html. Zuletzt abgerufen am 13.01.2021.

Bundesministerium des Innern (2021b): Rechtsgrundlagen der Beflaggung. https://www.protokoll-inland.de/PI/DE/Beflaggung/Allgemeines/allgemeines_node.html. Zuletzt abgerufen am 13.01.2021.

Bundesministerium des Innern (2021c): Staatliche Symbole. https://www.protokoll-inland.de/PI/DE/StaatlicheSymbole/staatlicheSymbole_node.html. Zuletzt abgerufen am 13.01.2021.

Bundesministerium des Innern (2021d): Nationale Gedenk- und Feiertage. https://www.protokoll-inland.de/PI/DE/NatGedenkFeiertage/natGedenkFeiertage_node.html. Zuletzt abgerufen am 13.01.2021.

Bundesministerium des Innern (2021e): Protokoll Inland der Bundesregierung. https://www.protokoll-inland.de/PI/DE/Home/Startseite_node.html;jsessionid=75C09A83A8F179C5E62C74FC5BF62E9A.2_cid287. Zuletzt abgerufen am 13.01.2021.

Bundesministerium des Innern (2021f): Rang und Titulierung. https://www.protokoll-inland.de/PI/DE/RangTitulierung/rangTitulierung_node.html. Zuletzt abgerufen am 13.01.2021.

© Springer Fachmedien Wiesbaden GmbH, ein Teil von Springer Nature 2021   59
K. Lohrisch und S. Luppold, *Event-Protokoll*, essentials,
https://doi.org/10.1007/978-3-658-32878-8

Bundesministerium des Innern (2021g): Rang und Titulierung. Protokollarische Rangfragen. https://www.protokoll-inland.de/PI/DE/RangTitulierung/Rangfragen/rangfragen_n ode.html. Zuletzt abgerufen am 13.01.2021.

Bundesministerium des Inneren (2021h): Anschriften und Anreden. https://www.protokollinland.de/Webs/PI/DE/anschriften-anreden/anschriften-und-anreden-node.html. Zuletzt abgerufen am 13.01.2021.

Carnegie, D. (2011): Sorge dich nicht – lebe! Die Kunst, zu einem von Ängsten und Aufregungen befreiten Leben zu finden. Frankfurt a. M.: S. Fischer Verlag

DAA Deutsche Angestellten-Akademie GmbH (2021): Protokoll-Akademie Hannover. https://daa-hannover.de/protokoll-akademie. Zuletzt abgerufen am 13.01.2021.

Die Bundesregierung (2005): Erlass der Bundesregierung über die Beflaggung der Dienstgebäude des Bundes vom 22. März 2005 (Bundesanzeiger Nr. 61 vom 1. April 2005, Seite 4982). https://www.verwaltungsvorschriften-im-internet.de/bsvwvbund_22032005_Z4a 1150415.htm. Zuletzt abgerufen am 13.01.2021.

Dreimann, D. (1985): Das diplomatische Protokoll. 3. Auflage. Leipzig: Koehler & Amelang.

Dücker, B. (2007): Rituale. Formen – Funktionen – Geschichte: eine Einführung in die Ritualwissenschaft. Stuttgart, Weimar: Verlag J.B. Metzler.

Fircks, A. v.; Jarosch, A. A. (2011): Business-Etikette für Fortgeschrittene. So bewegen Sie sich sicher auf jedem Parkett; mit vielen protokollarischen Hinweisen. Frankfurt am Main: F.A.Z.-Inst. für Management- Markt- und Medieninformationen (Frankfurter Allgemeine Buch).

Graf, M.; Luppold, S. (2018): Event-Regie: Der spannende Weg vom ersten Konzept zur finalen Show – eine 360-Grad-Betrachtung der Live-Inszenierung. Wiesbaden: Springer.

Haag, P.; Luppold, S. (2020): Zielgruppenorientierte Veranstaltungskonzeption: Messen, Kongresse und Events auf Zielgruppen ausrichten. Wiesbaden: Springer.

Hartmann, Jürgen (2007): Staatszeremoniell. 4. Auflage. Köln u. a.: Heymann.

Jakob, T.; Rambalski, B. (2014): Die protokollarische Rangfolge von Repräsentanten und Würdenträgern. Wer vor wem, wann und warum? In: Arians, I.; Lindemeier, H.-K.; Schönwälder, D.; Wilcken, C. (Hrsg.): Protokoll und Repräsentation – das Aushängeschild einer Stadt. Eine Hilfe für die Praxis. 2. Auflage. Berlin: Dt. Städtetag (Beiträge des Deutschen Städtetages zur Stadtpolitik, 102), S. 45–55.

Kertzer, D. I. (2006): Ritual, Politik und Macht. In: Belliger, A.; Krieger, D.J. (Hrsg.): Ritualtheorien. Ein einführendes Handbuch. 3. Aufl. Wiesbaden: VS Verlag für Sozialwissenschaften. S. 363–388.

Kirchgeorg, M.; Dornscheidt, W. M.; Stoeck, N. (2017): Handbuch Messemanagement. Planung Durchführung und Kontrolle von Messen Kongressen und Events. 2. Auflage. Wiesbaden: Springer Gabler.

Mohrmann, Bärbel (2013): Protokoll. In: Dinkel, M.; Luppold, S.; Schröer, C. (Hrsg.): Handbuch Messe-, Kongress- und Eventmanagement. Sternenfels: Verlag Wissenschaft & Praxis, S. 177–179.

Nelson, C. A. (1998): Protocol for Profit. A Manager's Guide to Competing Worldwide. London: International Business Press

Schmutz-Wyder, M.; Staub, C. (2021): Dressguide für Sie und Ihn. https://docplayer.org/197 83459-dressguide-fuer-sie-und-ihn.html. Zuletzt abgerufen am 13.01.2021.

Schneider, S. (2014): Die Platzierung von Gastgeber und Gästen – ein wichtiges Instrument zum Gelingen einer Veranstaltung. Placement. In: Arians, I. et al. (Hrsg.): Protokoll und

Repräsentation – das Aushängeschild einer Stadt. Eine Hilfe für die Praxis. 2. Auflage. Berlin: Dt. Städtetag (Beiträge des Deutschen Städtetages zur Stadtpolitik, 102), S. 56–61.

Schumann, W. v. (2018): Leiter der Abteilung Protokoll und Events der Messe Düsseldorf GmbH. Persönliches Gespräch. Düsseldorf.

Speth, R. (1997): Symbol und Fiktion. In: Göhler, G. (Hrsg.): Institution – Macht – Repräsentation. Wofür politische Institutionen stehen und wie sie wirken. Baden-Baden: Nomos-Verlags-Gesellschaft. S. 68–134.

Staatsministerium Baden-Württemberg (2021): Das Land repräsentieren. https://stm. baden-wuerttemberg.de/de/themen/protokoll-und-konsulatswesen/. Zuletzt abgerufen am 13.01.2021.

Strelecky, J. (2009): The Big Five for Life: Was wirklich zählt im Leben. München: DTV.

Stollberg-Rillinger, B. (2013): Rituale. Frankfurt am Main: Campus Verlag GmbH.

Urschitz, K. (2002): Protokoll mit Zeremoniell und Etikette. Graz: Manumedia-Verlag Schnider.

Varwick, J. (2015): Diplomatie. In: Woyke, W.; Varwick, J. (Hrsg.): Handwörterbuch Internationale Politik. 13. Auflage. Stuttgart: utb. S. 49–54.

Wohlan, M. (2014): Das diplomatische Protokoll im Wandel. Tübingen: Mohr Siebeck.

Wood, J. R.; Serres, J. C. (1970): Diplomatic ceremonial and protocol. Principles, procedures & practices. London: Macmillan.

Wülfing, C. (2018): Senior Vice President Corporate Protocol & Live Communications der Uniper SE. Persönliches Gespräch. Düsseldorf.

Printed in the United States
by Baker & Taylor Publisher Services